产品设计基础课

产品设计与文化

庾萍　潘蓝青　覃芳圆　主编

化学工业出版社

·北京·

内容简介

本书从文化的视角重新解读产品设计，分析文化与设计的关系，研究文化对产品设计的影响以及文化在产品设计中的体现，并通过设计作品和设计案例来具体说明，将理论与实践进行了有效结合，以帮助学习者更深入、形象地理解文化的内涵以及设计与文化的紧密联系性。

本书既有系统的理论阐述，又有较强的专业针对性，在讲授专业知识的同时，有机融入了课程思政元素，有利于培养学生的家国情怀，提高道德素养。本书适宜作为艺术设计、工业设计等设计类专业的教材和专业指导书。

随书附赠资源，请访问 https://www.cip.com.cn/Service/Download 下载。

在如右图所示位置，输入"42866"点击"搜索资源"即可进入下载页面。

图书在版编目（CIP）数据

产品设计与文化/庚萍，潘蓝青，覃芳圆主编.—北京：化学工业出版社，2023.6
（产品设计基础课）
ISBN 978-7-122-42866-0

Ⅰ.①产… Ⅱ.①庚… ②潘… ③覃… Ⅲ.①文化产品-产品设计-教材 Ⅳ.①G114

中国国家版本馆 CIP 数据核字（2023）第 066898 号

责任编辑：吕梦瑶 陈景薇 冯国庆	文字编辑：刘 璐
责任校对：李露洁	装帧设计：聚 拓

出版发行：化学工业出版社（北京市东城区青年湖南街13号　邮政编码100011）
印　　刷：三河市航远印刷有限公司
装　　订：三河市宇新装订厂
787mm×1092mm　1/16　印张10¾　字数250千字　2023年8月北京第1版第1次印刷

购书咨询：010-64518888　　　　　　　　　售后服务：010-64518899
网　　址：http://www.cip.com.cn
凡购买本书，如有缺损质量问题，本社销售中心负责调换。

定　　价：68.00元　　　　　　　　　　　　　版权所有　违者必究

前言

传统的设计文化不仅能为设计走向现代化提供借鉴,而且还会像其他文明成果一样,带给我们无尽的艺术享受和创造的灵感。只有具有民族性才具有全球性,这早已是设计界的共识。深入学习和挖掘本民族传统设计文化的精华,并继承之,是设计走向现代化和全球化的唯一途径。

党的二十大报告提出"用社会主义核心价值观铸魂育人,完善思想政治工作体系,推进大中小学思想政治教育一体化建设"。本书在写作过程中,特别注重立德树人的理念,融入了大量的课程思政元素,将学科内容和课程思政结合起来,让学生在掌握产品设计文化的同时,感受国家的巨大进步,激发学生的民族自豪感和家国情怀,培养学生的工匠精神、协同合作意识与奉献精神、勇于创新的科学求知精神等,以实现育人与育才相结合的目标。

本书共6章,其中第1章是文化概述,主要介绍关于文化的一些相关知识和概念以及文化的发展规律,并通过分析文化与哲学、人生、科技之间的紧密联系,比较中国文化与西方文化、传统文化与现代文化之间的特性差异,来理解文化所具有的广度及渗透作用。第2章是中国传统设计文化,主要阐述中国传统文化与设计思想的关系,理解中国器物设计的审美追求,并通过具体的设计作品与案例来明确设计中的文化作用与呈现方式,以起到实践性的设计指导作用。第3章是日本文化之下的现代产品设计,主要讲解日本文化发展与设计风格之间的关系,并通过具体的设计作品与案例来明确设计中文化的作用与呈现方式,使得学习者能够通过了解设计对象存在的人文环境来寻找设计突破口,获取设计创新构思的灵感,并把对人文的理解通过设计赋予设计对象,让设计作品从内容到形式都更加符合使用对象的心理和行为习惯,更具有市场价值。第4章是北欧文化之下的产品设计,主要介绍了北欧的自然、社会、文化,以及设计之间的关系,通过了解学习北欧设计的发展历程和北欧风格特点,探究北欧风格的形成原因与发展，以及北欧文化影响下的北欧设计与中国设计的异同。第 5 章是文创产品的设计与创意，主要介绍文创产品的概念与分类，通过研究不同类型文化与文创产品之间的关系，把握文创产品的系统性设计思维。第 6 章是设计文化走向，主要讲解设计本土化与设计全球化对民族文化发展的重要意义，探索生态文化与设计的关系及促进作用。

由于文化涉及的内容跨越时空和地域，范围广阔，注入文化的设计也无处不在，加之作者相关经验和能力水平有限，书中难免存在不足之处，敬请广大读者批评指正。

本书可以作为各大院校产品设计和工业设计专业课程"设计与文化"或"产品设计与文化"的教学用书，也可以作为产品设计从业人员熟悉专业的参考资料。

编者

/ 目录

第 1 章 / 文化概述　　　　　　　　　　　　　　　　　　/ 001

1.1　文化的概念　　　　　　　　　　　　　　　　　　/ 002
1.2　文化的属性　　　　　　　　　　　　　　　　　　/ 005
1.3　文化的作用　　　　　　　　　　　　　　　　　　/ 008
1.4　文化的形态与特征　　　　　　　　　　　　　　　/ 011
1.5　文化与文明　　　　　　　　　　　　　　　　　　/ 013
1.6　文化进化与文化整合　　　　　　　　　　　　　　/ 015
1.7　文化与哲学　　　　　　　　　　　　　　　　　　/ 017
1.8　文化与人生　　　　　　　　　　　　　　　　　　/ 021
1.9　文化与科技　　　　　　　　　　　　　　　　　　/ 022
1.10　中国文化与西方文化　　　　　　　　　　　　　 / 026
1.11　传统文化与现代文化　　　　　　　　　　　　　 / 028

第 2 章 / 中国传统设计文化　　　　　　　　　　　　　　/ 031

2.1　中国传统文化与设计思想　　　　　　　　　　　　/ 032
2.2　中国传统文化之下的器物设计　　　　　　　　　　/ 039
2.3　当代产品设计中的文化融合　　　　　　　　　　　/ 059

第 3 章 / 日本文化之下的现代产品设计　　　　　　　　　/ 071

3.1　日本生活中的"禅"文化　　　　　　　　　　　　/ 072

3.2 "禅"文化对日本设计审美的影响　　　　　　　／ 079
3.3 "极简"美学设计思想　　　　　　　　　　　／ 096

第 4 章 / 北欧文化之下的产品设计　　　　　　　／ 101

4.1 北欧的自然、社会与文化　　　　　　　　　　／ 102
4.2 北欧风格的形成与发展　　　　　　　　　　　／ 107
4.3 富有"人情味"的北欧设计　　　　　　　　　／ 112

第 5 章 / 文创产品的设计与创意　　　　　　　　／ 123

5.1 文创产品概述　　　　　　　　　　　　　　　／ 124
5.2 源于传统文化的文创产品设计　　　　　　　　／ 131
5.3 旅游文创产品设计　　　　　　　　　　　　　／ 137
5.4 情感体验与文创产品设计　　　　　　　　　　／ 142

第 6 章 / 设计文化走向　　　　　　　　　　　　／ 145

6.1 智能化时代的设计文化　　　　　　　　　　　／ 146
6.2 自带民族属性的设计观　　　　　　　　　　　／ 152
6.3 现代设计下的生态文化观　　　　　　　　　　／ 157

参考文献　　　　　　　　　　　　　　　　　　／ 165

第 1 章 / 文化概述

/ 知识体系图

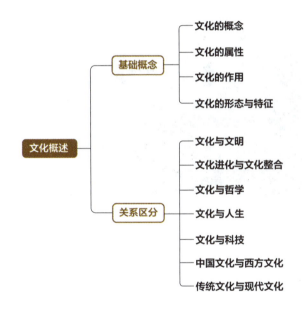

/ 学习目标

知识目标

通过本章的学习，了解关于文化的一些相关知识和概念，理解文化自身的发展规律，并通过分析文化与哲学、人生、科技之间的紧密联系，以及比较中国文化与西方文化、传统文化与现代文化之间的特性差异，来理解文化所具有的广度及渗透作用。

技能目标

1. 能够正确地理解地域文化之间的差异。
2. 能够根据不同的文化背景来看待问题、解决问题。

/ 引例

> 文化是民族的，也是世界的。
>
> 传统的设计文化不仅能为设计走向现代化提供借鉴，而且还会像其他文明成果一样，带给我们无尽的艺术享受和创造的灵感。只有具有民族性才具有全球性，早已是设计界的共识。深入学习和挖掘本民族传统设计文化的精华并继承，是设计走向现代化和全球化的唯一途径。
>
> "文化"一词对于人们来说并不陌生，我们天天都在说文化，却又很难用一句话来解释什么是文化。在人类的社会生活中，各种现象无不与文化相关联，衣食住行是文化，风土民俗是文化，甚至经过人类修整的山石竹木也是文化，这些由人所创造的事物（图1-1），都可以被看作是一种文化现象。
>
>
>
> 图1-1　大观园

/ 1.1 / 文化的概念

从词源学的角度来考查，文化一词在西方，源于拉丁文 cultura，其原意是对土地的耕耘和植物的栽培，后来又引申为对人身心的教养。这就把文化与人对自然的改造和人自身的培育联系起来，恰好反映出人类社会实践与劳动的本质内容和特色。

从字源上说，"文"与"化"在三千年前的卜辞中就已经出现了。文，本义是文错、文饰、纹理。文或纹，是一种自然美。不论是水纹、木纹，还是云纹（图1-2）、蛇纹（图1-3），都给人以美的享受。

《庄子·逍遥游》中记载越人"断发文身"，《水浒传》中描写梁山好汉史进为九纹龙，这都有美化的意思。成语中的"文过饰非"，意为用美化的言辞来掩盖过失。

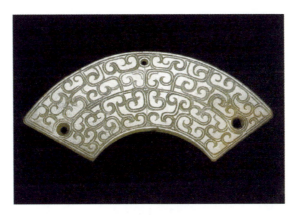

图 1-2　云纹玉璜

图 1-3　蛇纹玉璜

唐代李翱在《李文公集·杂说》中讲道:"日月星辰经乎天,天之文也;山川草木罗乎地,地之文也;志气言语发乎人,人之文也。志气不能塞天地,言语不能根教化,是人之文纰缪也。"在李翱看来,人之文是最重要的。

化,是古代很重要的一个概念。古人认为万事万物都有生克制化,化是一种规律。化的甲骨文像两个人一正一反,表示一个事物的两个方面(图1-4)。化,引申为教化、风化、感化。《说文解字》中说:"化,教行也。"最早把文、化二字放在同一个句子里的文献是《周易》,其中说道:"观乎人文,以化成天下。"由此可见,中国两千年前就有了对文化的初步认识,而这个认识是人对自然与社会观察的结果。

图1-4 化的甲骨文

文化一词,从表面的词义来看,就是文治与教化。汉代的刘向在《说苑·指武》中说:"凡武之兴,为不服也,文化不改,然后加诛。"晋代束皙在《补亡诗》中说:"文化内辑,武功外悠。"这些关于文化的记载体现了文化与武力的相对关系,寓意文化是进步的现象。中国古代曾经称天子管辖不到的地区为蛮夷之地,将没有接受文治教化的民众称为化外之民。天子对内施以文化,对外也以文化之,对不愿意接受文化的地区,则以武服之。

《中华文化史》中开卷就提出,文化就是人类化,是人类为了生存,将自然人化、人类化、对象化的过程,及其产生的物质文明与精神文明的总和。还有学者指出文化就是人化,凡是人化的现象都是文化。以石头为例,天然石头不是文化,而经过人们加工打磨的石头聚集了人的脑力和体力,这样的石头就有了文化内质(图1-5)。这样的观点得到学术界的普遍认同。

图1-5 三棱厚尖状石器

丁村遗址中发现的中国旧石器时代中期的石器,丁村石器以石片石器为主,绝大部分是以角页岩为原料,经过碰砧而成,主要用于敲、砸。

我国著名的国学大师梁漱溟也为文化下过定义，可简单概括为"所谓文化不过是一个民族生活的种种方面，可以总括为三个方面：精神生活方面，如宗教、哲学、艺术等；社会生活方面，如社会组织、伦理习惯、政治制度、经济关系等；物质生活方面，如饮食起居等。"

《辞海》里则对文化有广义和狭义两层定义。广义指人类在社会实践过程中所获得的物质、精神的生产能力和创造的物质、精神财富的总和。狭义指精神生产能力和精神产品，包括一切社会意识形式：自然科学、技术科学、社会意识形态。有时又专指教育、科学、文学、艺术、卫生、体育等方面的知识与设施。

文化是一种历史现象，每个社会都有与其相适应的文化，并随着社会物质生产的发展而发展。作为意识形态的文化，是对一定社会的政治和经济的反映，又对政治和经济有着巨大的影响和作用。在阶级社会中，文化还具有阶级性。

随着民族的产生和发展，文化开始具有民族性，并逐步形成民族传统文化。文化发展的同时还具有历史的连续性，社会物质生产发展的历史连续性是文化发展历史连续性的基础。

英国人类学之父泰勒认为："文化，或文明，就其广泛的民族学意义来说，是包括全部的知识、信仰、艺术、道德、法律、风俗以及作为社会成员的人所掌握和接受的任何其他的才能和习惯的复合体。"这是综合性的、现象描述性的定义，是迄今为止最有影响力的文化定义。

美国文化人类学家克罗伯和克拉克洪在1952年对1871年到1952年期间有关西方的文化学概念进行了搜集归纳，并以此为基础提出了总结性的文化定义：文化是由外显的和内隐的行为模式构成，这种行为模式通过象征符号传递；文化代表了人类群体的显著成就，包括它们在人造器物中的体现；文化的核心部分是传统（即历史的获得和选择）观念，尤其是它们所具有的价值；文化体系一方面可以被看作是活动的产物，另一方面则是进一步活动的决定因素。

不管古代还是现代、国内还是国外，人们对文化都有不同的概念界定，其都被定义为对人类思想和实践现象的一种总体体现。"一个社会的文化是其成员的生活方式，是他们习得、共享，并代代相传的观念和习惯的总汇。"

/ 1.2 / 文化的属性

所谓属性，就是事物所具有的性质、特点，如运动时物质的属性。关于文化的属性，学术界见仁见智，主要的提法有超自然性、社会性、时间性、空间性、民族性、阶级性、共同性、时代性、继承性、融合性。

(1) 超自然性

文化是"人化"或"人类化",文化就是生活,文化就是体现人们思想与实践的现象,这些旨在说明文化有超自然性。不过,文化离不开自然。离开了自然,人就不能生存,文化就不能存在。文化是人与自然关系的产物和现象。从这个意义上说,文化是自然性与超自然性的统一。

(2) 社会性

社会性又被称为人群的整体性、联系性、超个体性。有社会就有文化,离开了社会就产生不了文化。文化附着于社会,不同的社会有不同的文化。每个人必须适应传承的社会文化,可以享用已有的社会文化,可以选择之、改造之、创造之。社会越发展,文化积累就越深厚;文化为每个人提供的东西越多,个人行为受到的约束也就越大。从价值方面看,文化作为生物本能以外的力量,规范着人的行为。从这个意义上说,文化又有其个体性。文化学即追求个体性与社会性的完美和谐(图1-6)。

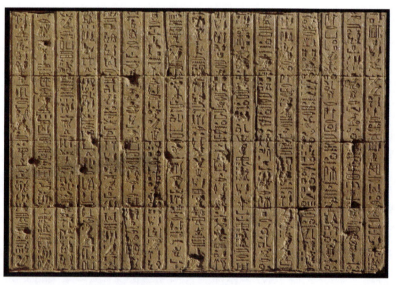

图1-6 圣书体(或称碑铭体、正规体)

圣书体也称埃及象形字,是古埃及人使用的一种文字体系。

(3) 时间性

任何文化都是由在一定时间和空间内的人所创造的。所谓文化的时间性,是指文化发展中的持续性、绵延性或阶段性、间断性。任何文化特质和文化系统都是有时间性的。

任何文化体系都有发生、发展、成熟、衰亡的过程，有的文化体系还有复兴、重构、再生的过程。

文化在传承中伴随变异性。文化的均衡稳定是相对的，同时与外来文化的刺激有关。新的发现和发明是文化变异的源泉。新的观念、规范或技术一旦被社会接受且推广，就会形成一个时代、一个社会的文化特质，并推动文化的发展。以文字书法为例，从甲骨文（图1-7）、金文到楷书、行书，其书写形式既有传承，也有变异。文化变迁多是缓慢积累而质变的，但在特定背景下，也可能会发生迅速、剧烈的变动。西方文字的发展从图形文字过渡到抽象的字母符号（图1-8），其中就有质变和突变。

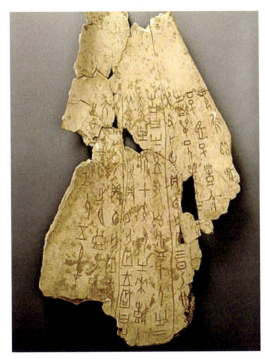

图1-7　甲骨文　　　　图1-8　希腊字母、伊特鲁里亚字母与拉丁字母

（4）空间性

所谓文化的空间性，是指文化发展中的地区性和广延性。人总是生活在一定的空间之中，因此，没有无空间的文化。文化的空间性包括文化与生态环境和社会人文环境的关系，可分解为：文化在空间的发源，文化在空间的传播。物质文化的成果占据一定的空间，如长城、都江堰；非物质文化也有空间，如楚剧、豫剧、昆剧等都有空间分布。正因为文化有空间性，所以它必然有地区的局限。人类历史上几乎每一个民族的文化都

是在一定空间内局限性发展（图1-9）。

图1-9　清明上河图

（5）民族性

迄今为止的人类文明社会都是按民族来区分的。文化的民族性是指一定民族在历史上形成的、区别于其他民族的文化特殊性，包括物质的、精神的、制度的、行为的文化事象❶，如生活方式、习俗、语言、思维方式、心理、性格，乃至宗教、礼仪、制度、艺术风格等。

关于文化民族性的实例随处可见。以对色彩的文化观念为例，汉族崇尚红色，可能源于对太阳和火的崇拜，藏族崇尚白色，则源于对冰雪和雪山山神的崇拜。以服装为例，各地区的民族服装也各不相同，中华民族流行唐装、中山装，而欧洲流行西装。

有些文化现象是不分民族的，即文化具有普遍性。如每个民族在伦理上都宣扬善，在科技上都可以发明生活工具等，这些都是具有普遍意义的文化现象。

/1.3/ 文化的作用

文化之所以能存在，是因为它有特定的功能。文化的功能，也就是文化的作用，当我们把文化当作工具时，文化的功能就特别明显地表现出来。所有的学派都不否认文化的功能，特别是英国功能主义学者，他们强调文化的功能并研究它。按他们的观点，文化的功能是指文化系统内部各要素之间的相互关系，以及这些要素对于该文化作为整体所发挥的作用和效能。因此，研究文化的作用就是要协调文化关系，构建最佳文化力。文化的功能就是文化的影响力，有的学者认为文化在社会上有决定性的作用。

---

❶ 文化事象是人们对现象的感受上升到理性概括的认识产物。当一种现象以同样的形式反复出现时，其中就含有规律性，成为某一历史时期、某一国家（民族）或地域文化发展中带有典型和标志作用的事情。

文化跟需求是密切相关的，文化的功能就是满足人类的需求。美国人本主义心理学家马斯洛将人的需求分为五个层次（图1-10），最下层的是生理需求（衣、食、住、行），依次向上是安全需求（稳定、有保障、有秩序）、社交需求（爱情、友谊）、尊重需求（尊敬和自尊）以及自我实现需求（自我理想的实现，个人潜能、才能禀赋的充分发挥）。

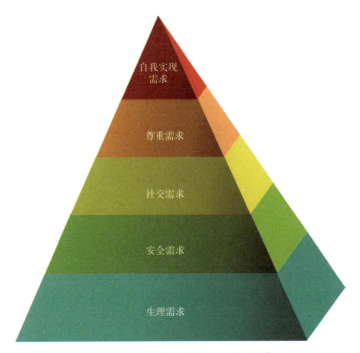

图1-10 马斯洛的"人的需求分析"

由此可以看出，文化是因需求而创造出来的。人类总是在新的需求的刺激下进行新的文化创造。文化需求由低级不断向高级发展，因此可以说，文化的创造是永无止境的。

文化的功能作用，一般可分为六个方面。

(1) 凝聚的作用

每个民族都是一个共同的文化体，其涵盖了历史长期积淀下来的、对民族文化认同的价值观，以及把人们协调地联系在一起的统一的民族心理素质。例如，中国的儒家文化是中国几千年来的黏合剂，它把国家和民族黏合在一起，从而构成了中国的传统文化社会，即使是在海外的华人，不管是否已加入他国国籍，他们都承认自己是中国人，这就是文化凝聚作用的一种表现。

（2）规范的作用

文化中的制度文化、行为文化、宗教文化等，这些文化本身就具有规范性。"国有国法，家有家规"，虽然现代社会中个人在文化中的地位日益提升，人的独立性、自主性不断增强，但是传统的文化规范仍极大地影响着我们的生活，儒家的伦理道德、祖制孝道、尊老爱幼等已成了我们自觉的行为习惯。同时，文化本身就是价值观，价值观提供了人们辨别是非的标准，规范着人们的思想行为，使人类社会在一定秩序中发展。

（3）认知的作用

文化是人类认识外界环境而产生的。人类必须借用前人的文化成果，以提高人类的认知能力，征服自然。人创造了文化，文化时时刻刻又在影响人的生活。每个人、每个民族只能在前人创造的基础上生存和发展。通过文化再造文化，文化无疑是具有认知功能的。

（4）技术的作用

文化作为技术的功能，使人的交往成为可能。我们学习语言，学习书法，学习工艺技术，在学习文化的过程中掌握了技术。在现代社会，越来越多的人依靠文化这个工具而生存。因此有学者提出，文化是工具、是标准、是信号。

（5）教化的作用

文化有教化人的作用。每个人都需要通过接受文化教育和文化熏陶，才能丰富自己的内涵，培养高尚的文化情操。现在的学校、媒体等都担负着培养人的审美情操和增长人的文化知识的任务。文化越发达，文明就越进步，社会就越完善。

（6）经济的作用

目前我国提倡发展文化产业，意思就是通过文化来振兴产业经济，获得经济效益。文化本身就是经济的一部分，它可以转换或促进经济的发展。在市场经济条件下，文化的经济功能已越来越突出。

其实，文化的功能远不止这六个方面，还可从政治、学术等方面去认识文化所具有的其他功能，随着社会的进步，文化的功能作用也将得到不断的发掘和运用。可以这么说，任何国家，如果它能发挥文化的作用，就有可能走在人类社会发展的前列。当然，文化的功能作用是动态的，文化也有它的负面作用，本来是有益的文化，也许在某种特定的情况下，文化的功能就会变味，需要我们适当加以防范和警惕。

/1.4/ 文化的形态与特征

关于文化形态，英国人类学家马林诺夫斯基依据文化的功能首次将文化现象分成四个方面：一为物质设备，即物质文化，它们决定文化的水准和工作的效率，人们所创造的器具，构成了人工的环境，即使在人类生活最原始的方式中，也都是靠工具间接地满足人的一切需要（图1-11）；二是精神文化，人对于物的运用和占有以及一切价值的欣赏（图1-12、图1-13），都要依靠人的精神能力；三是语言，它也是精神文化的一部分；四是社会组织，它是物质设备与人的习惯的复合体，不能与其物质的或精神的基础相脱离。

图1-11 使用了上千年的农耕用具——犁

图1-12 黄杨木雕东山报捷图笔筒（清代）

图1-13 中国传统乐器——古筝

文化形态的划分，一般采用三分法，即将文化划分为器物文化、行为文化和观念文化。

(1) 器物文化

器物文化即指物质层面的文化，它是人们在物质生活资料的生产实践过程中所创造的文化内容，它集中反映人与自然的关系，是人们在改造和利用自然对象的过程中所取得的文化成果。其中包括衣、食、住、行等物质生活资料、为取得物质生活资料所需的物质生产资料、人们的物质生产能力，以及作为这种能力基础的科学、技术等。

(2) 行为文化

行为文化即指制度层面的文化，它反映在人与人之间的各种社会关系中以及人的生活方式上。其中包括维护这些关系所建立的各种社会组织，以及与此相适应的组织形式、制度法律和道德规范等。社会的生产方式和生活方式都是在社会生产关系的基础上起决定作用的。

(3) 观念文化

观念文化即指精神层面的文化，是在前两种文化基础上形成的意识形态。其以价值观或文化价值体系为中心，包括理论观念、文化理想、文学艺术、宗教、伦理道德等，其中也包含大量无意识成分，它们存在于社会文化心理、历史文化传统和民族文化性格中。

文化是在适应环境的条件下产生的，不同民族和地域的文化会形成不同的特色，这些具有代表性和因果联系的文化也可以划分为不同类型。在我国不同的地域形成了不同类型的文化，如齐鲁文化、巴蜀文化、岭南文化、楚文化、吴越文化、两广文化等。在不同的国度也产生了不同类型的文化，如希腊文化、埃及文化、印度文化和中国文化等。它们是特定生存环境和历史条件的产物，这些文化上的差异和独特性，反映了人类文化的丰富性和多样性。

每一种文化类型都有它特定的构成方式及其稳定的特征。这种文化的构成方式称为文化模式，如中国人与西方人的饮食方式不同，形成了饮食文化的不同模式。对于文化模式，可以根据具体考察的需要作出不同的区分。文化模式并非人们主观计划或设计的产物，而是在特定的文化生态环境中长期形成的，它是各种文化特质相互作用的结果，与人们的生活习俗和社会心理相关联。

/ 1.5 / 文化与文明

1.5.1 文明的定义

文化与文明貌似相同，在理解上也容易混淆，所以两者往往被混为一谈。实际上两者虽有联系，但又有区别，概念是不一样的。

文化是与人类俱生的，人与动物的根本区别在于人为了改善自己的生活，不断地对自然界进行改造。这个改造的过程就是创造物质财富和精神财富的过程，也是文化创造的过程。而文明则是在此基础上形成的，与野蛮相对立，它是社会进步的体现。

"文明"一词从表面的词义来看，就是"文化光明"。该词早在《周易》中就有提到："见龙在田，天下文明。"此外，《尚书·舜典》也有对"文明"一词的解释："经纬天地曰文，照临四方曰明。"从字义上看，汉字的文和明是不可分割的，具有自然性、生动性、变化性、进步性的含义。

西文中"文明"一词 civilization 来自拉丁文 civils，即公民的、国家的意思。它同未开化的野蛮状态相对立。近代意义的"文明"一词是 1756 年法国米拉波侯爵在其所著的《人类之友》一书中提出的，主要指社会的开化。美国学者 H. 摩尔根在《古代社会》中认为文明发生的标志是阶级（即宫殿或贫富）、金属工具、文字。他认为古代文明的成就与标志是出现了城市、贸易、简单机械、学校、科学、君主立宪制、国际法、成文法等，因此他提出了"文明时代"这个术语。

至于对文明一词的定义，学术界一直没有统一的定论，只有几种观点可供参考。

德国的斯宾格勒在《西方的没落》中说："文化和文明——前者是一个灵魂的活生生的形体，后者却是灵魂的木乃伊。"在他看来，文明是文化僵死、没落的阶段。

英国的汤因比在《历史研究》中说："文明乃是整体，它们的局部彼此相依为命，而且都互相发生牵制作用。在这个整体里，经济的、政治的和文化的因素都保持着一种非常美好的平衡关系。"他认为文明是社会的整体。

美国的亨廷顿在《文明的冲突与世界秩序的重建》中说："文明和文化都涉及一个民族全面的生活方式，文明是放大了的文化。""文明是一个最广泛的文化实体。乡村、宗教、种族群体、民族、宗教群体都在文化异质性的不同层次上具有独特的文化。"

日本的岸根卓郎在《文明论——文明兴衰的法则》中认为："传播知识的过程就是文明。文明应该解释为语言和文字被人们感觉和记忆，被积累和客观化，由特定的个人向其他的个人传递，向客观的知识体系发展的过程。"

1.5.2 文化与文明的区别

那么，文化与文明的区别在哪呢？学术界对此颇有争议，有人认为文化产生于文明的基础上，有了物质文明、社会组织，才有了文化。有人认为，文明就是文化成就的总和，特指一个区域、一个社会、一个时代或一个民族所具有的精神生活、物质生活及生产方式这样一个局部的整体。一般情况下，多数学者认为文化比文明要宽泛，其原因如下。

（1）从时间上看，文化比文明早

前文提到过文化就是人化，凡是人化的现象都是文化。回顾人类发展史，早在原始社会就有了文化，当人类发展到一定阶段，进入阶级社会之后才有了文明。1871年，英国的爱德华·伯内特·泰勒把文明与文化区别开来，认为文明是人类文化发展到特定阶段产生的，是文化中的亚文化。原始文化发展到一定阶段才有文明的出现，高级的文化才被称为文明。因此，文明是文化发展到一定时期的产物，文明泛指民智初开以来的一切文化成就的总和。

（2）从空间上看，文明有地域性

人类文化包括文明。我国学者一般认为上古有四大文明古国——中国、希腊、埃及、印度。

英国史学家汤因比认为文明是介于世界与国家之间的概念，古代有六个文明母体：埃及文明、苏美尔文明、米诺斯文明（克里特文明）、玛雅文明、安第斯文明、中国文明。

英国剑桥大学教授丹尼尔和荷兰著名考古学家法兰克福，对世界文化类型的划分别树一帜。丹尼尔注意的是最古老的文明，即世界上最早形成的文明。他认为最古老的文明有六个：埃及文明、两河流域文明、印度文明、中国文明、墨西哥文明、秘鲁文明。法兰克福强调文明的独立形成，他认为世界上真正独立形成的文明有三个，分布在两河流域、中国、中南美洲。

从上述资料可以看出，在全球各个不同的地域，都有在时间上累积的自己独有的文明，文明是有地域性的。

（3）从内容上看，文化无处不在

自从人类学会了"改造"大自然，地球上大到东、西方，小到村庄的一个角落，已无处无文化。文化偏重精神，如伦理、宗教等，它是比较抽象，多是意识形态和上层建筑方面的内容；文明偏重物质，如蒸汽机、人造卫星等，它直观地体现了人类的进步，着眼点在生产力、科技等上。

（4）从性质上看，状态不同

文化有积极的和消极的、正面的和负面的、优秀的和粗劣的。而文明是指进步的状态，是人类不断从蒙昧向开化、从低级到高级、从野蛮向文雅的发展过程。文明是一种有文化的社会状态，与野蛮相对立。文明是文化中的积极成果，是人类在实践中创造的精华和财富。文化中的积极成果作为人类进步和开化状态的标志就是文明。人类文明是以进步文化为基础的，没有进步文化的发展就不会有文明的发展。

由此可见，虽然文化与文明产生的时间并不一致，有着很长的时间跨度，但两者息息相关，已在时间中互为一体。文化先于文明，文化是文明的基础；文明孕育于文化，是文化的显现，也是文化发展到高级阶段的特征。文化与自然相对，文明与野蛮相对；文化创造文明，文明推动文化；文化中有文明，文明中有文化。但是，文化有积极的和消极的两种状态，而文明一般指积极的、有进步意义的状态。

文化属于一个社会、一个民族、一个国家而不属于整个世界，而文明则是为全世界所共享。总之，所有的文明都可以说是文化的一种形式。但并非所有的文化都称得上是文明。文化是文明的载体，而文明则是文化的抽象与升华。

/ 1.6 / 文化进化与文化整合

文化进化是指人类文化的进步与演化，指其发展的纵向过程。进化过程是持续的、累积的、扩展的、进步的。从生态学的角度来说，文化进化是一个特定人类群体中文化特征的发展演变；而从地理学角度来说，是一个地区或国家文化传统的演化历程。

生物的进化（图1-14）依靠生物基因的遗传和变异。变异产生了新的有机形态，由于这种有机体的器官功能更适应变化了的环境而得以保存，并通过遗传的积累进化出新的物种。文化的进化则是人类社会发展的主要形式，它不是生物进化的延续，而是一种质的飞跃。文化进化是以社会化的组织形式通过文化的传承和积累而实现的。一种文化形式或一个文化阶段，连接着另一种文化形式或另一个文化阶段继续变迁，文化进化论就是把普通的进化理论应用于文化现象，以区别于生物的进化或自然现象。

当然，人不仅是文化的主体，也是一种生物存在。所以人的进化不仅包括文化的进化，也包括生物的进化。其中，生物进化构成了人的自然基础，文化进化形成人的本质特征。文化的产生是以制造和使用工具的生产劳动为标志的，正是由于使用工具的社会劳动，才使人的大脑和双手得到特殊的发展。古人类学研究表明，早期猿人在制造和使用工具上的每一次进步,都与其脑容量的增加和大脑结构的进化密切相关。这就说明,人的生物进化与文化进化是相互作用、相互促进的。在整个人类形成和发展的过程中,文化的进步大大加速了人的生物进化进程。然而,文化发展的速度远大于生物进化速度。

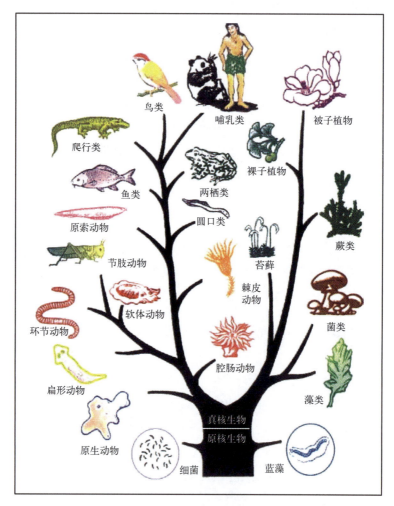

图 1-14　生物进化树

在整个文化的进化过程中,不同类型或模式的文化之间,既存在着冲突和竞争,也存在着融合和吸收。这种不同文化之间相互吸收、融合、协调而趋于一体化的过程就是学术界所说的文化整合。

文化整合是文化的调整综合,指构成文化的诸要素、诸子系统相互综合的过程。文化整合的过程是一个动态的、渐进的过程,也是相对均衡的综合化的过程。在此过程中,文化体系时常变化,同时也维持着一种与此前相同的秩序。

文化整合的前提是继承，继承的基础是要有创新。回到原点的文化整合，不是成功的文化整合。文化必须更新，在新的构建中以新的面貌出现。不同文化经过相互冲突之后，逐步接近，彼此协调，在内容与形式、功能和价值目标的取向上不断修正，为共同适应社会的需要而逐渐融合，组成新的文化体系。这种组合不是简单的机械的组合，而是互相吸收和融合、形成新文化形态的过程，它包括对原有成分和结构形式的扬弃和否定，从而以新的结构形式出现。工业设计便是在工业文明的基础上，吸收工程设计和艺术设计而形成的，它是科技文化与审美文化相互融合、功能互补产生的新的文化特质，其中包含多种文化的整合。

文化作为一种历史的印记与沉淀，无论将其作何解释，它所体现的都是一个多元化的概念。文化进化就是一种文化为保持自身存在，在面对环境改变时所做出的适时、有效反应。每一种有生命力的文化在其生命历程中都会经历一个"适应""整合"与"创新"的过程以保证其自身的存在，当环境改变时又会开始新一轮的生命历程。简言之，文化进化就是一种文化为保持其自身存在而历经"适应""整合"与"创新"的重构过程。

/ 1.7 / 文化与哲学

哲学是文化的思想基础。德国著名哲学家黑格尔说过，"哲学是这样一个形式：它是最盛开的花朵，它是时代的精神，是作为自身正在思维的一种精神"。在哲学家看来，哲学是一个人类群体、一个社会所要表现的精神。

社会的思考通过政治、经济、宗教、艺术、科学、法律、伦理道德等多方面反映出来。我们赖以生存的这个自然界，因为人类的活动深深地打下了人的烙印，留下了人类活动的痕迹。马克思把这个过程叫作自然的人化、社会化。而人类是有意识、有目的行动者，所以这些人类活动之中都保存了人的思维和意识，即人类文化。人类活动最终都是通过文化才得以保留下来，而保留下来的文化，又反过来深深影响着整个社会的发展。

既然文化包含了所有的社会思考，因而也包含了哲学。哲学就是社会思维本身，而其他文化形式就是这些社会思维与物质的结合，是外在表现。可以说，哲学是文化的核心，主导着文化整体的发展。

为了进一步了解文化与哲学的关系，我们以中国哲学对中国文化发展变化的影响为例进行解读。

（1）中国的哲学思想

早在先秦时代，中国的思想界就已经百家争鸣、人才辈出了。中国哲学流派主要有儒、墨、道、法、名、阴阳六家，其中最主要的是儒、墨、道三家。

儒家学派的创始人是孔子（图1-15），儒家思想的核心可以概括为"仁礼一体"。"仁"是古代人道主义的开端，"仁"就是爱人，就是以"爱人"之心推行仁政。而"礼"就是社会的道德秩序，是个人必须遵循的礼仪制度和道德规范。施行仁政，使人民内心归顺、安居乐业、无反抗之心。因为有"礼"，"礼"又让"仁爱"成为差等之爱，维护了封建等级制度。通过"礼"的教化，使社会各阶层的人们对自身的社会地位有了稳定的道德定位。儒家的"克己复礼""内圣外王"都是强调人应该克制个人的私欲，恪守道德礼仪，完善自身修养，而后通过社会活动推行王道，服务社会，实现个人的社会价值。

墨家学派的创始人是墨子（图1-16），墨家提出"兼爱""非攻""尚贤"等十大主张，它的社会伦理思想以"兼爱"为核心，提倡超越等级、贵贱的博爱，反对儒家所强调的社会等级观念，"非攻"指反对侵略战争，其他突出的主张还有"非命""非乐"。墨家思想的特点是尚力、贵用。尚力，故非命，其意是说相信人的力量，不相信天命不可违背；贵用，故非乐，其意是说注重实用，而非虚华。

道家学派的创始人是老子（图1-17），道家的思想可以称为自然主义，对于本体论有重大贡献。在中国，道家是最早探讨世界本原的学派。老子提出的"道"，是关于宇宙和世界本原及其发展规律的概念。他最先提出"道常无为而无不为"的命题，以说明自然与人为的关系。老子哲学以"无为""贵柔"为本，"以其不争，故天下莫能与之争"。老子明确提出"道法自然"，其意是"道"的法则就是自然的，不需刻意作为。"道"是万物的本源和发展动力，"道"是万物之母，"道生一，一生二，二生三，三生万物"。而"道"本身又是自然的，它听任万物自然而然地发展，生长万物而不据为己有，推动万物而不自恃有功，养育万物而不随意主宰。

图1-15 儒家学派创始人孔子

图1-16 墨家学派创始人墨子

图1-17 道家学派创始人老子

自汉代开始，罢黜百家，独尊儒学，于是诸子百家之学转入两汉经学。从两汉到明清，儒学虽也历经盛衰沉浮，但始终居于主导地位。道家思想虽不被统治阶层推崇，却也是流传不绝。至明清时期，中国哲学思想逐渐形成儒道交融、墨学中绝的基本发展形势。

汉末印度佛教传入中国，在中国广泛流传，至隋唐时期，便形成了儒佛争胜，儒、佛、道三足鼎立的形势（图1-18、图1-19），也出现三教合流的趋势。中国佛家弟子在原有传统思想文化的基础上，创立了中国佛学，同时儒家学派也不断吸收道家思想和佛教的观点。

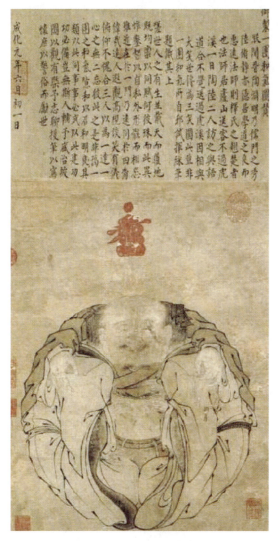

图1-18 《一团和气图》和《御制一团和气图赞》

《一团和气图》乍看如同一人，实为三者，根据《御制一团和气图赞》推测，右侧饰儒巾者为陶渊明，图中笑面弥勒应为慧远法师，左侧着道冠者应为陆修静，三人各为儒、佛、道三教代表，整个画面布局巧妙，和睦喜气，体现了三教合流、和睦相处的思想宗旨。

图 1-19　悬空寺

位于山西境内的悬空寺是国内仅存的儒、佛、道三教合一的独特寺庙。

到宋明两代，以朱熹、王阳明为代表的理学继承人，宣传孔孟的基本思想，采纳了道家、佛教的很多思想观点，使儒家思想进入新阶段。

明代的心学更是克服了宋代朱熹派（图 1-20）的理学束缚，把天理与人欲对立，创立"存天理，灭人欲"的思想。

图 1-20　宋代朱熹及《朱熹书论语集注残稿》

明清之际，思想家李贽、顾炎武等人又突破了理学的局限，把中国古典哲学推至顶峰。

近代以来，国家动荡，西学输入。进步思想家开始接受西方的自然科学知识与哲学观点。保守派则盲目守旧、拒绝新知，出现了新旧对立与融合、中西相争的局面。

随着政治形势的发展，新中国成立，马克思主义哲学占据了中国哲学思想领域的领导地位。

（2）中国哲学对中国文化的影响

从中国原始经典中我们可以知道，中国人在殷商时期最关心的精神境界是人与"神鬼"的关系，这种"半文化"的文化氛围，具有原始宗教"非理性"的特征。周代，中国人对"天"的性质以及天、人关系进行了"重新"思考和解释，提出了"尊天"应"宜民、宜人"，应以统治者修"德"为实践途径。于是，"敬德保民"❶成为中国上古文化的主要观点，这是中国上古思想人文主义的起源。

与此同时，人们开始思考日常生活世界的规制。这种规制一方面重视人与周围世界的关系，把周围世界看作"易"（变化）的多样性，同时也在深入探究这些复杂多样的范式，以及它们之间的关系，此为中国上古思想自然主义的起源。

随着中国古代哲学学派的发展，中国文化的基本精神被确立，即"刚健有为、自强不息"的思想态度。孔子提倡积极有为的态度，重视"刚"，其生活态度就是"知其不可为而为之""发愤忘食，乐以忘忧"。孔子还主张道德教育，但对德与力是相辅相成的这一认识却不够。墨家强调"竭力从事"，把"力"看作实行道德的一个条件。在这一点上，目前人们的认同更趋向于墨家的观点。由此可见，中国传统文化偏重道德的提高，而忽视力量的培养。

到了汉代，儒学独尊，经学占据了主导地位，束缚了人们的思想，阻塞了对未知领域探索的道路，多数人都缺乏创新精神，导致中国文化逐渐落后于世界先进文化。直至近代，随着西学的输入，部分学者开始尝试建立中西融合的文化体系。

/ 1.8 / 文化与人生

人类通过实践创造了文化，文化又塑造了自然环境（图 1-21、图 1-22）。同时，文化和环境又影响了人类自身。因此，人实际上既是文化意义上的发起者，又是承载者，

---

❶ 周公（周代的爵位，周代的第一代周公姓姬名旦，或称周公旦，是西周初期杰出的政治家、军事家和思想家，被尊为儒学奠基人，孔子一生最崇敬的古代圣人之一）制礼作乐（制定各种典章制度，以维护其封建统治，也称礼乐制度），他有一个基本的指导思想，即"敬德保民"。"敬德"，是因为"皇天无亲，惟德是辅"，有德才会得到上天的保佑；"保民"，是因为"民之所欲，天必从之"，"保民"实际上就是保社稷、保国家。周公提出的"敬德保民"，是夏商以来中国思想从敬鬼神到重人事的一大转变。

文化与人生在本质问题上是相通的，两者紧密相连，相辅相成。

图 1-21　太阳崇拜题材的雕刻　　　　图 1-22　自然崇拜题材的岩画图

　　文化可以从纵向结构、横向结构来划分。从纵向分类，文化包括物质器物、制度行为、思想意识三个方面；从横向分类，文化包括人与自然、人与人、人与自我的关系三个方面。

　　广义的人生是一个哲学的命题，其所关注和探讨的问题，同样是有关人与自然、人与人、人与自我的关系，也是探索知天、知人、知己的问题。

　　中国传统文化的显著特点，就是对人生智慧的关注和思考。中国传统人生智慧融儒、佛、道为一体，互补相融，提倡从自我的修炼和完善做起，进而扩展到社会、世界、天地和宇宙，使自己成为一个与自然、与人、与自我和谐的人。儒、佛、道从不同视角出发，最终达到超脱现实的、和谐的、具有审美境界的人生目标，即中国文化和人生智慧都强调的人与自然的统一，人的精神、行为与外在自然相一致，以及由此而达到的天道与人道的统一，从而实现完满和谐的精神追求。

/ 1.9 / 文化与科技

　　文化是科学技术进步的土壤，是经济社会发展的前提。文化影响着科技的诞生、进步与发展，也同时影响着创新的进程和结果。

　　文化与科技创新的互动，促使人类文明向前推进。中华文明源远流长，其兴衰荣辱、发展起伏推动着科技的发展，一些重大发现和发明，深刻地影响着人类文明的进程，如为测日影、定地中而建的土圭（图 1-23）。

　　先哲们在认识自然现象时归纳整理出整体思维、辩证思维、因地制宜等认识方法，不仅为我国天文学、医学、农学、工学等的发展奠定了思想和方法根基，而且在今天，仍然是重要的思想资源，具有强大的现实价值。例如《抱朴子》（图1-24）就是研究我国晋代以前道教史及思想史的宝贵材料；还有世界上第一部关于农业和手工业生产的综合性书籍《天工开物》（图1-25），它是我国明朝科学家宋应星探索人类与自然协调发展的科学技术方面的著作。此外还有《易经》《三农纪》（图1-26）《黄帝内经》等，都证明了我国古代科技文化发展的先进水平。

图1-23　土圭　　　　　　　　　　图1-24　《抱朴子》

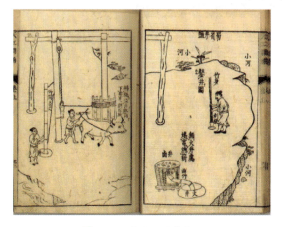

图1-25　《天工开物》　　　　　　　图1-26　《三农纪》

中国传统文化博大精深，其精神文化提炼主要有"自然"精神、"阴阳平衡"精神、"包容"精神等，这些精神文化有力地推动着中国古代科学技术的发展。

以下就谈谈中国传统文化是如何推动古代科学技术发展的。

（1）"自然"精神

强调"天人合一""按照自然的本性去认识自然"，是中国传统文化中"自然"精神的明确观点。人是自然的一部分，人们应当尊重自然，顺应自然，与自然和谐相处。这并非要求人们在自然面前放弃自身的需求，而是主张按照自然本身的特质去认识它，在不伤害自然的前提下，满足人基本的生存需求。

这些朴素唯物的自然观告诉人们，人与自然密切相关，要客观地认识自然，利用自然的规律为人类服务。在这些观点的影响下，我们的祖先利用自然的不同形态，兴建了许多符合当地自然环境条件的水利工程设施，既满足了人们在农业上的需求，又很好地保护了当地的自然环境，像我国都江堰、郑国渠（图1-27）等大型水利工程，现仍被称为当今世界水利工程的奇迹。

图1-27　郑国渠

我国是较早掌握天文学的国家之一，古人对植物的生长、汛期、星象位置都有很深的研究，结合对气候、季节的经验，创立了农历及二十四节气，一直沿用至今。我国的古代医学在东方世界中，更是璀璨的瑰宝。中国有丰富的中药学以及系统的中医学理论，传统医学的四大经典著作《黄帝内经》《难经》《伤寒杂病论》及《神农本草经》，还有李时珍的《本草纲目》，都是我国最宝贵的文化财富，对医学发展有重要作用，是世界性的重要文献。

（2）"阴阳平衡"精神

古人在农耕实践中，观察出向阳面和背阴面，又观察风向，以预测天气的变化，于是创立了"阴""阳"两个在中国传统文化中最常见的范畴。当人们用"阴"与"阳"来解释自然和人事变化的时候，又在数字的计算中归纳出"奇"与"偶"的概念。

中医讲究阴阳调和，我国古代的建筑大多也是对称的，这都是为了达到阴阳的平衡。还有很多生活物品的设计也都是从阴阳两面的平衡来考虑的，比如古代铜钱（图1-28），外圆内方，取天圆地方，天为阳，地为阴的意思，融入了中国古人的宇宙生成观和平衡观。"阴阳平衡"的精神似乎已成为一种固定的思维模式和审美观点，对我国古代的医学、建筑学、天文地理，以及生活的方方面面等都产生了深远的影响，如北京故宫博物院（图1-29）。

图1-28　中国古代铜钱

图1-29　北京故宫博物院

(3)"包容"精神

在不断吸收外来文化而且始终保持自身独创性的基础上发展起来的中国传统文化,可以说是各族人民共同创造的结果。因此,中国文化在以汉族文化为主体、各族文化互相交融的基础上,逐渐形成了中华民族博大宽容的气质。

中国传统文化并不是排斥异己、封闭自守的文化,它善于学习各种文化的长处,又能加以消化吸收来丰富自己。唐朝时期,多民族文化的融合和经济的繁荣达到了当时世界的鼎盛。

佛教起源于印度,却在中国发展繁荣至今,便是最好的例证。再如,举世闻名的"丝绸之路(图1-30)""郑和下西洋(图1-31)""唐玄奘取经"等,这些文化传播交流的方式,都是中国传统文化"包容融会"精神的体现,对当时的科技进步起到了建设性的推动作用。

图1-30　敦煌壁画(描绘了往返于丝绸之路的商队)

产品设计与文化

图 1-31　郑和下西洋图画

/1.10/ 中国文化与西方文化

在经历了几千年的发展演化之后，中西方文化都有着源远流长、辉煌灿烂的历史，但因地域不同，各自又存在着很大的差异。

(1) 发展态势不同

中国文化从整体上来看，属于一种静态文化、家国文化。由于中国所处地理环境较为优越，资源丰富、气候宜人，给予了人们一个可以长期居住，易于进行农业生产的环境。这种长期、稳定地居住在同一个地方的生活条件，使得以血缘为纽带的家族关系发展迅速。人们安居乐业，易于满足。家族繁衍、代代相传，以家族为纽带的血缘关系，逐步形成了中国尊老和祭祖的重要文化传统。家族观念、宗法制度也随之逐渐形成，并根深蒂固。这种静态文化、家国文化，慢慢形成了中国以仁、孝、礼、义、信为核心的"贵和尚中、过犹不及"的中庸思想。

西方文化则属于一种动态文化，是一种斗争性、竞争性较强的文化。西方文化三大起源（古希腊文明、罗马文明和基督教文明）均源自地中海沿岸。西方的气候和地理环境促成了一种流动性较强的海洋文化，这使得他们更富有冒险精神和改变现状的变革心理。对未来的不确定性，也孕育了他们的神话史诗文化和宗教思想，但这也使得西方人的个人主义、自由主义等价值观念较强，家庭观念相对薄弱。由此产生的竞争意识、斗争文化却是西方文化发展的原动力。

(2)思维方式不同

中国的传统思维注重直观、顿悟、整体、经验,是基于事实,直观地凭借已有的经验和知识,来对客观事物的本质及其规律加以识别理解和整体判断,与直观的思维方式相联系。中国人认识世界的方式是"体知"而不是"认知",老子的"体道"就是以心灵体验的方式把握宇宙的根本之道;儒家则把认识的对象作为人类自我意识外化的伦理情感来整体体验,从中寻找对主体伦理和价值观的印证。因此,由于中国历史上缺乏实证的科学性探索思维,加上受封建保守思想的束缚,"四大发明"等伟大成果的推广与发展缓慢。

西方人则注重思辨、理性、分析、实证,对整体进行细节性分解剖析,再加以综合。在西方哲人看来,思辨性的东西才是最真实、最美好的,他们把抽象思维和逻辑思维作为认识和把握事物真理最基本的手段,并把"分析学"或"逻辑学"视为一切科学的工具,正是这种逻辑思维和实证分析的思维方式推动了西方科学的发展。

(3)伦理观念不同

中国文化主张家庭伦理本位,强调个人的责任和义务。中国以家国文化为核心思想文化,以家族为本位,家庭更有长幼之序、夫妻之分,家庭成员各安其分,各尽义务。中国自古就有孝的文化,有以孝治天下之说,百善孝为先,"孝道"是中国传统文化之本。

西方文化主张个人本位,强调个体的发展和价值的实现,追求人格的独立。西方文化中的这种个人主义的兴起,导致了西方家庭、家族纽带功能相对脆弱,加上"上帝面前人人平等"的基督教义广泛地影响着西方文化的发展,形成了一种骑士精神、英雄主义的价值观。个人权利任何人不得侵犯,人们信奉个人本位、以自我为中心,这些个人本位思想使得西方就算是亲人之间,其界限也划分得非常明确。

(4)对人与自然的基本观点不同

杜维明教授认为:"中国文化关注的对象是人。"人与人的关系是中国文化的核心与基础。战国时期,我国就形成了以"仁"为核心的儒家思想,因此,政治伦理学相当发达。中国的哲学是一种人生哲学。在处理人与自然的关系上,中国文化讲究"天人合一""顺天造物",把自然人格化,追求人与自然和谐发展。

西方文化较多关注的是自然,人与自然的关系是古希腊哲人注重的中心问题,由此衍生出理智和科技。西方从古希腊泰勒斯的自然哲学开始,形成了探索自然奥秘、开发和利用自然资源为人类服务的主流思想。在人与自然的关系上,西方文化认为人与自然处于对立的斗争状态。西方人也注重人与人之间的关系,但首先关注的不是伦理而是竞争，因而出现了"优胜劣汰"的规律。

（5）文化价值观和文化结构不同

"托物言志""文以载道"是中国大部分文学作品的特色。中国文化强调道德教化，强调"文以载道"和"天人合一"的文化价值观，讲究有利于社会，有利于教化民众，中国广大文人苦读圣贤书，学而优则仕，为的是把个人奉献给社会。

西方文化倡导"为艺术而艺术"和多元的文化观。从康德提出"美只是形式"开始，西方人就认为纯粹的美感不应掺进任何愿望和需要，艺术和美的重要性在于美的本身，而不是它所反映的对象和承载的内容是否符合道德的标准，其主张衡量艺术只有一个标准，即艺术标准。在西方整个文化艺术领域，形式主义盛极一时，占据支配地位。在西方，艺术不再是政治、宗教、道德等的附庸，而是有其独立的地位。

在文化结构方面，中国以整体综合见长，强调整体的作用；西方以细节分析见长，突出个体的作用。例如，在时间、地址的书写顺序上，中国习惯按年、月、日以及国家、省、市等由整体到部分开始书写，而西方正好相反；在姓氏排列上，中国的姓氏是先宗族、辈分，然后才是名字，突出的是氏族整体，而西方的姓氏则先是自己的名字，然后才是父名、族姓，突出的是个人。

/ 1.11 / 传统文化与现代文化

传统文化属于传统农业文明范畴，现代文化属于工业文明、信息文明范畴，这是传统与现代的关键区别。

目前，现代文化在与传统文化的交织中发展，双方相互影响，又各自产生了不同的发展轨迹。

传统文化与现代文化相比较，有以下一些特征。

① 在世界观、人生观和思考方式上，传统文化带有神秘主义及很强的迷信色彩；而现代文化讲求理性主义，以实事求是的科学态度去看待事物，并努力从认识规律、运用规律中把握命运。

② 在立足点上，传统文化建立在"经验知识"的基础上；现代文化则以"科学进步"为主导。

③ 在处事态度上，传统文化是特殊主义、等级主义，是亲疏远近、厚此薄彼的；现代文化是普遍主义、公民主义、平等主义，是原则至上的。

④ 在对待过去、现在、未来的态度上，传统文化崇尚过去、崇尚权威；现代文化则注重变化与革新。

第1章 | 文化概述

先进的文化体系代替落后的文化体系,是历史选择的必然。人类历史上曾发生多次重大的文化转型,如原始文化向农业文化的转型,农业文化向工业文化的转型等,传统文化也将逐步向现代文化转型(图1-32、图1-33)。

图1-32　中国传统苗族银饰制作工艺及苗族文化图案在现代日常生活产品上的再应用

图1-33　杏林阁

杏林阁位于厦门园博园的闽台岛上,总高度50米左右,八面向海,是整个园博园最高的标志性建筑物。杏林阁的设计理念是以文化的延续为出发点,采用古代塔和阁常用的双套筒结构,融入闽南传统建筑文化元素,再结合现代建造技术,创造了一个既展现园博园底蕴,又代表新世纪厦门风貌的建筑。

从文化的整体性来说，现代文化逐渐替代传统文化，不能说传统文化完全不可取，也不能证明现代文化较于前者就是完美的，两者都有可取之处，也都有不可回避的弊端。但单就生产力来讲，现代文化较传统文化有着更优越的物质生产和科技生产水平，且现代文化在人格和精神发展层面也有着更广阔的扩展空间，呈现兼容并蓄的发展态势，更符合整个现代社会的发展需求。

/ 思考与练习

归纳中国传统文化的特点，理解其在现代化进程中的变化与发展。

第 2 章
/ 中国传统设计文化

/ 知识体系图

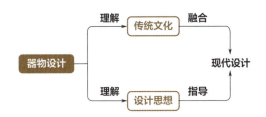

/ 学习目标

知识目标

学习本章，主要是为了了解中国传统文化与设计思想的关系，理解中国器物设计的审美追求，并通过具体的设计作品与案例来明确设计中的文化作用与呈现方式，以起到实践性的设计指导作用。

技能目标

1. 能够解读不同文化区域设计中的文化内涵。

2. 能够把文化习俗、文化内涵等内容转化为文化元素，并融合在设计之中。

/ 引例

从文化的视角来解读设计，探讨文化的本质、意义和研究方法，分析文化与设计的关系，研究文化对设计的影响以及文化在设计中的体现，并通过设计作品和设计案例来具体说明，将理论与实践有效地结合，以帮助学习者更深入、形象地理解文化的内涵和包容性，以及设计与文化的紧密联系。

随着对人类文化学的不断研究，人们对人类文明与文化中所孕育的"物"的发展及其本质内容产生了浓厚的兴趣。人造物的发展历史其实就是人类文明的发展史。

文化中"物"的本质和内容是人类区别于动物的"类特性"（种类的特性），其是人类生命活动的基本特性和产物，也是区分不同民族的标志，是不同生活方式及活动成果的统一体，同时还是人类社会大系统中的子系统，是人的意识领域的特殊问题，具有一定的价值取向。

文化是人类的、社会化的、意识化的特质的总和，它包括人类物质生产与精神生产的所有活动的过程及产品。人造物其实就是人在生产物质的同时赋予其精神意识，是人的设计创造活动。从早期生活用品和劳动工具的制作，到各种生产、生活、战争器具的发明和创造，都与人的设计精神和创新思想密切相关。

因此，将设计文化从人类文化系统中抽离出来加以关注，分析设计文化与人类文化在不同阶段发展的同一性和特殊性，探索设计文化自身的发展规律，以及不同文化状态在不同时期"人造物"中的体现是十分必要的事情。

/ 2.1 / 中国传统文化与设计思想

在中华文明的发展历程中，农业一直是重要的发展部分，结合发展中的人文、地理等方面的发展认知，产生了最初的一些认知学说，包括医术、数术等。随着历史的进程，这些学说逐步发展为中国古人了解世界、探究自然规律和人类发展规律的理论基础，并从中不断发展进一步形成了黄老学说、儒家思想、墨家思想等，这些学说和思想长期主导着人们的认知，影响了社会生活的方方面面。其中的造物文化也是在这样的文化继承中发展形成，以实物的形式体现着人类的思想智慧。

2.1.1 中国传统文化中的设计审美

（1）天人合一

虽然"天人合一"这个说法出现得并不早，但在中国传统文化中"天人合一"的思想却由来已久。在影响我国设计文化形成与发展的诸多因素中，"天人合一"的思想观念是根本性的，"天"和"人"到底指的是什么呢？"天"是一个历史范畴，起源于远古人类对无法预测的苍茫太空的敬畏。夏商以后，"天"被认为是有意志、有人格的最高主宰。对这种主宰的崇拜就构架起以天人关系为基础的宇宙观。"人"则指的是人类的整体性或作为物种之一的人。西周以后,"天人合一"强调的是天与人、人与人、人与社会的自然和谐关系,倡导把人看作宇宙自然的一部分,在实践中达到主观与客观、情感与理性、权利与义务、个体与社会的和谐统一。

中国的传统建筑十分注重"天人合一",讲究自然环境和人居环境互相交流,注重自然与精神的和谐统一。中国传统建筑用其数千年发展形成的建筑布局和构造方式,表达出人们喜爱土木、亲近大地、效法宇宙的设计理念,例如选择体现本质特色的建筑材料,遵循自然法则构建建筑样式等。

同时,中国传统建筑又是"天人合一"与"礼法、宗法制度"的联合体现,通过对大自然的效法与人类社会的伦理道德发生联系,进一步提炼出焕然一新的构筑思路和方法。由原始自然到人为建筑再到社会伦理,进而又总结出新建筑形式的标准。比如北京故宫,又名紫禁城(图2-1),其以天上的星辰来规划对应的建筑,紫禁城正对紫微星,以此来突出皇权的合法性和至高性。"天人合一"追求自然,"礼法、宗法制度"注重等级制和规矩,看似矛盾,但反映在建筑上,两者并没有截然分开。如"宫殿""陵墓"等建筑形制是礼制建筑,但它们在布局上追求的还是"天人合一"的理念,两者并不矛盾。总的说来,"天人合一"建筑观是中国传统建筑的中心思想,是古人的伦理观、审美观、价值观和自然观的深刻体现。

图 2-1 北京故宫(紫禁城)

北京故宫又被称为紫禁城,紫禁城的"紫"是指紫微垣。我国古代天文学家将天上的星宿分为三垣、二十八宿和其他星座。三垣指太微垣、紫微垣和天市垣。紫微垣是中垣,又称紫微宫、紫宫,它在北斗星的东北方,古人认为那是天帝居住的地方。封建帝王以天帝之子自居,其办理朝政与日常居住的地方也就成了天下的中心。又因皇宫是等级森严的封建社会中最高级别的"禁区",便用紫禁城的"禁"字来强调皇宫的至高无上。太微垣南有三颗星被人视为三座门,即端门、左掖门、右掖门;与此相应,紫禁城前面设立端门、午门,东西两侧设立左掖门、右掖门。午门和太和门之间,有金水河蜿蜒穿过,象征着天宫中的银河。皇帝及皇后居住在乾清宫与坤宁宫,"乾""坤"二字就意味着天地的意思。其东西两侧的日精门与月华门,则象征着日月争辉。东西六宫及其他诸宫殿也都分别象征着天上的十二星辰和各个星座。

"天人合一"是中国文化史上长期占主导地位的思想，是我们研究中国传统文化的基础，也是中国古代先哲给全人类留下的思想内核，是中国文化对人类最大的贡献。

（2）中和为美

"中和"这一中国传统美学范畴和设计文化的性格，包含着中国农业文明映射下浓厚的政治与道德伦理观念，从先秦时代起，人们就开始意识到美的社会性和美善之间深刻的联系，即美与善的统一。

《礼记·中庸》里讲："中也者，天下之大本也；和也者，天下之达道也。致中和，天地位焉，万物育焉。""中和"是天地宇宙的最高法则，只要把握了"中"与"和"，就把握了道的精神实质。

钱穆先生曾说："一部中国文化史，正如听一场歌唱，不外一和字。"梁漱溟先生在《东西文化及其哲学》中谈到中国哲学形而上学的大意时也曾说："中国这一套东西，大约都源于周易。对周易有许多家说法，却有一个为大家公认的中心意思，就是'调和'……其大意以为宇宙间实没有那绝对的、单一的、极端的、一偏的、不调和的事物，如果有这些东西，也一定是隐而不现的。凡是表现出来的东西都是相对的，是双面、中庸、平衡、调和的。一切的存在，都是如此。"

中国传统造物理念中，根据传统文化思想理念，以器物"适宜"为美，强调对于度的把握，这个度从某种意义上也可以理解为现在的"标准"。一方面达到心理的"审美"要求，另一方面要符合客观的物理规律，或者人伦规则。中国传统造物对于器物及器物"零件"的设计制造有严格的标准，而这一标准的制定仍然以满足"礼"而定。

"中和"按照现代含义解释，为相对的事物互相抵消，失去各自的性质。这也是现代设计实际达到的效果，所有材料最终丧失了原本的属性。中国传统造物理念中的"中和为美"可以从三个方面去理解：一是所造之物的属性应当不过轻、不过重，不过大、不过小，不过长、不过短，以适宜为"美"；二是对于不同属性的材料可以相宜且并用之；三是取长补短，兼容并蓄。

中国传统设计文化在处理人对物的主观感受（美感）和客观对象本身的"构成"规律时，强调"中和为美"的整合性设计思维和文化意识。这一文化力量和精神元素，塑造了中国传统设计文化的另一重要性格，并作为一种民族精神和文化传统延续千年而不衰，其已深深植入中国设计文化的性格之中。

2.1.2 中国传统文化中的设计思想

中国经过几十余年的发展，目前基本形成了一套工业设计开发流程和教育体系。但不容回避的是，我们的设计能力和水平未能形成能够冲击世界市场的设计风格，本土设计在东西夹击中举步维艰。造成这一结果的因素很多，客观上来说，我国工业设计发展历程较短，工业基础还不够强大；主观上来说，中国设计思想落后，设计语言单一。但最根本的原因是我们没有形成一套具有中国特色的造物思想。

但中国传统造物设计思想丰富，从先秦诸子到明清文士的历代学者，有许多造物设计的典籍流传于世，其中包括《考工记》《天工开物》《长物志》《园冶》《梓人遗制》《髹饰录》《闲情偶寄》《工段营造录》《装潢志》《陶说》《绣谱》《燕闲清赏笺》等。这些著作概括了中国传统艺术、造物设计的成就与发展，蕴含了博大精深的造物思想和设计观念，是我们古为今用、学习继承中国传统艺术和造物思想的珍贵文献资料。

2.1.2.1 《考工记》中的设计思想

《考工记》是先秦时期的一部重要的科技专著，是我国目前所见年代最早的手工技术文献，书中详细记录了"百工之事"，仅7100多字，却概括了当时官营手工业和家庭小手工业的30个工种，工艺技术之精巧，堪称我国古籍巨著中一颗璀璨的明珠。同时，《考工记》还承载了我国古代工匠在造物方面的艺术审美和设计思想，是我们追溯设计历史、探索器物之美的宝贵研究资料。

（1）天人合一的思想

《考工记》中提出："天有时，地有气，材有美，工有巧，合此四者，然后可以为良。"意思是说，工艺制作应顺应"天时"和"地气"，并同时注重"材美"与"工巧"。古人注重人与自然的沟通融合，讲究应天之时运，承地之气养。"材美"是要求工匠根据实际需要在选材时对材料的质地品性进行考察，以发挥材料本身的自然美感，而"工巧"则是对人的技艺和创造才能的要求，匠人必须理解材料的性能并能合理利用，因地制宜地实现资源最优化使用。"天时"和"地气"是造物的外围环境，是客观条件；"材美"和"工巧"则是对制器者提出的主观要求。一件好的器物，既要包含人对天然材料的尊重，又要有人对天然材料的主观创造性，是主观因素与客观因素的完美结合。

《考工记》在这里体现出的顺应天时、适应地气、佳选材料、精巧工艺是造物必守的规则，它强调了"天""地""材"三种自然因素与人的和谐统一。中国的能工巧匠在两千多年前就认识到，器物的生产是自然界这个大系统各方面条件综合作用的结果，并不是人的孤立行为。这样的认知形成了中国古代"天人合一"的造物思想，对中国上千年的器物艺术发展产生了深远的影响。

（2）制器尚象的思想

在中国传统文化中，"制器尚象"思想是一种代表性很强的造物观，占有十分突出的地位。

《周易》中有:"以言者尚其辞,以动者尚其变,以制器者尚其象,以卜筮者尚其占。"这里的"象",可以说是《周易》的重要构成因素,它包含了从象形到象意的设计观念和设计思想。"象"来源于客观自然的"形象",但并不是简单地模仿和再现,而是在观察自然界中天地万物的基础上,经过高度概括的、抽象的、具有象征意义的符号。这里的"象"就是指一种象征的意义。所以说,《周易》中"制器尚象"的设计思想,就是主张把有形之"器"作为一种抽象符号,通过对自然事物的模拟、类比和象征,以表现更深层次的"意"。

古代人民崇尚以"器象"这种形式来传达人的思想和理念,其所用器物也多为"制器尚象"所得,"制器尚象"不局限于表面,还具有更深层的含义。《史记·孝武本纪》载"黄帝作宝鼎三,象天地人也。禹收九牧之金,铸九鼎,皆尝鬺烹上帝鬼神"。《汉书·郊祀志》载"禹收九牧之金,铸九鼎,象九州"。古人以三鼎象征天、地、人,以九鼎象征九州。《考工记》里的"五色",青色象征东方,赤色象征南方,黑色象征北方,白色象征西方,黄色象征大地,玄色象征天空,也充分反映了"器象"的思想。

《考工记》梓人篇里的"梓人为笋虡",梓人是古人对木工的一种称呼,笋虡是一种悬挂钟、磬的架子。这种磬架的制作工艺并不难,但在其艺术造型上,《考工记》里进行了大篇幅的描述。其认为凡是雕刻搏杀和援噬之类的动物,一定把其脚爪雕刻得藏而不露,眼睛凸起,鳞片和胡须向上翘着,看起来像发怒的样子,再使其看起来能承担大的压力,涂上颜色后,看起来像能发出声音的样子。如果雕刻的爪子不深藏,眼睛不凸起,鳞片和胡须不上翘,则看起来萎靡不振,上面再加上其他物体的话,就更加萎靡不振了,即使涂上色彩也不会有发出声的感觉。由此可以看出,当时的梓人对形象的理解和重视,从艺术形态上描述了如何把器物制作得更加形象生动。

2.1.2.2 《天工开物》中的设计思想

堪称"技术百科全书"的《天工开物》,是明代宋应星在广泛调研的基础上撰写出的一本全面、系统地记述当时农业和手工业生产技术与经验,将手工业等几十个门类的技术综合在一起的研究著作。《天工开物》是中国文化遗产中最优秀的艺术设计古籍之一。

《天工开物》不仅详尽地总结和概括了中国古代农业和手工业的重要科学成就,而且对于科学研究方法,诸如观察方法、类比、归纳的逻辑方法、信息方法和系统方法等,都有朴素的认识和可贵的论述。此书共十八篇,其中有十三篇与造物设计有关,几乎涵盖了除漆器之外的造物设计的各个方面。

《天工开物》中"天工"的意思是自然的职能,主要是指天人合一,让人顺应于天,有时也指相对于"人工"而言自然形成的技巧。"开物"是指人工开发万物,《周易正义》中认为"开物"就是"开通万物"。宋应星根据《周易》中的思想把"开物"视为"人工",把"天工"视为"自然力"。"天工开物"的意思就是"人凭借自然界的工巧和法则开发万物"。宋应星在《天工开物》中指出自然界有其自身产生和运动的规律,是不以人的意志为转移的。人应效法天,按天道自然运行的法则办事,取得天人协调。可以看出,宋应星继承了《周易》中"天人合一"的系统观,把"天工"与"人工"看作一个对应统一的系统,在这一系统中,自然与人这两个要素既相互对立,又相互协调。

（1）实用为利的思想

《天工开物》设计理论体系可概括为：一个目标、两大系统、六大领域。所谓"一个目标",即设计实用性目标；"两大系统"是指设计技术系统和设计图学系统；"六大领域"是指农用工具设计（乃粒、粹精）、衣料染织设计（乃服、彰施）、金属铸锻设计（五金、冶铸、锤锻、佳兵）、陶瓷砖瓦设计（陶埏）、造纸设计（杀青、丹青）、交通工具设计（舟车）。

《墨子》中有曰："故所为功利于人谓之巧,不利于人为之拙。"墨子认为,所造之物看其效益是否满足人的需要,若无益于此,再精巧的技艺也是"拙"。墨子此为"利"之言,与《天工开物》中的"设计实用"观不谋而合。比如《天工开物》"陶埏卷"中宋应星首先论述了瓦、砖、罂瓮之类的民用器物,对于"生人毋用必需"的"大小亿万杯盘之类"的常用器皿,其详细地记载了整个生产流程,而对"朝廷所用龙凤缸"的记述就很简略；"舟车卷"也以民用杂舟、实用漕舫和普通驴马大车、独辕车为主。这就为古代设计造物提出了一种目标评判标准,即是否利于人。"利于人"中所利者为广大百姓,而非少数特权阶级。中国主流的造物设计文化是偏重实用的,设计应围绕人的基本生产和生活需求而展开,不进行无实际用途的玩器设计,这也是古代设计表现出来的一以贯之的目标追求。这种实学思想反映在器物设计上就是强烈的实用性特点,对中国器物设计发展起着重要的作用。

（2）理性求实的设计思想

宋应星主张"见见闻闻"（《天工开物》）,注重观察的客观性原则,反对"臆度楚萍"和"侈谈苣鼎"等唯心论的先验论。他治学严谨、观察细致,尽量使科学记录符合客观要求,主张"皆须试见而后详之",带有朴素的唯物论思想。比如从"舟车卷"可以看出,宋应星在写作之前,做了大量的调查研究,了解了当时全国的造船技术和水运情况。为了写好这一卷书,其足迹遍及各地。再如书中在介绍栽种甘蔗的经验时,他强调要"试验上色",对于那些没有亲自见过或试验过的东西,则采取慎重的态度。在介绍

"油品"时，列举了十多种榨油原料的出油率之后，指出"此其大端，其他未穷究试验，与夫一方已试而他方未知者，尚有待云"。由此可见他尊重实践，注重第一手材料的科学态度。

宋应星还提出了"穷究试验"的思想，把"穷究试验"引入科学研究中。"穷究试验"是一种技术性的理性设计思维方法。它由"穷究"与"试验"两个词组成，分别表述科学研究中两种相辅相成、相互交替使用的研究步骤和研究方法。"穷究"是逻辑推理过程，"试验"是观察实验过程，两者在科学研究中缺一不可。而试验尤其重要，是科学研究的出发点和基础。宋应星特别强调，没有试验便不能取得可靠的实际资料，同时强调研究者本人参加试验的必要性。不仅要试验，在试验的基础上取得实际资料后，还要穷究，运用逻辑推理，对实际资料进行理论概括，运用科学概念获得对自然现象和生产过程的科学认识。

《天工开物》中详细记录了各种手工业生产的操作程序、生产设备，并绘有大量关于生产流程的插图，这些都是宋应星现场调查的成果。这些成果体现了宋应星注重经过生产实践反复试验而被证实的经验总结，也体现出他对生产过程中各种物质之间的数量关系的注重。《天工开物》所涉及的数量有长、宽、高、重量、容积、时间、比例等，长度精确到寸，重量精确到钱。由此可见，宋应星在科学认识活动中有明确的定量观念，体现了他对自然界各种现象和过程具有规律性认知的思想，也反映出他具有理性求实的造物设计思想。

（3）系统观设计思想

《天工开物》把造物过程看作一个完整的设计系统。这个系统是一个相互联系的有机整体，由各种要素组成，要素之间相互作用、相互制约，遵循着有序的原则。

《天工开物》中载："天覆地载，物数号万，而事亦因之，曲成而不遗，岂人力也哉？"意思是，天地间物类繁多，事物间关系复杂，互相交织，整个自然界依靠事物间的联系和规律运转变化形成，虽然这些不是人力所为，但人和自然界相互作用，依靠人工的开发和利用，能够把天然事物变成物质财富，即在"天工"的基础上"开物"。人和自然是一个大系统，人在自然界中活动，要受自然界的制约，而人认识自然，掌握规律，反过来又能能动地改造自然。《天工开物》有曰，"陶成雅器"需要有"方土效灵"和"人工表异"，天工和人工这两个条件缺一不可。

又如《天工开物》中还谈到不同的窑、不同的结构，可以烧制不同的陶器。因陶器有大有小，所需要的温度不一，一般烧小件用瓶窑，大件用缸窑，但如果分开烧，一则成本高，二则难以达到高质量。为了解决这样的问题，《天工开物·陶埏》中记载，"凡缸、瓶窑不于平地，必于斜阜山冈之上，延长者或二三十丈，短者亦十余丈，连接为数十窑，皆一窑高一级。盖依傍山势，所以驱流水湿滋之患。而火气又循级透上"。"其窑鞠成之后，上铺覆以绝细土。厚三寸许。窑隔五尺许，则透烟窗，窑门两边相向而开。装物以至小器装载头一低窑，绝大缸瓮装在最末尾高窑。发火先从头一低窑起，两人对面交看火色。大抵陶器一百三十斤，费薪百斤。火候足时，掩闭其门，然后次发第二火，以次结竟至尾云。"意为把瓶窑、缸窑造在山坡上，几十个窑连接在一起，一窑比一窑高。如此顺应山势，既可避免积水，又可使火气逐级渗透上去，最小的陶器装入最低窑，最大的缸瓮放在最高窑。根据"火气循级而上"，窑温由低窑向高窑逐级升高的原理，大器和小器都可在同串联窑中烧制而成。这种联窑法的好处是使每一窑的余热得以充分利用，既节约了燃料，又能使上面窑的温度大为提高。这种效果是单窑烧所不能达到的。可见联窑的整体功能并不等于各窑的功能，也不等于各窑功能的总和，联窑的整体功能是大于各窑的功能的，其烧制的效果是各窑烧制效果的总和。联窑法将相互独立的个体连接成一个能产生更高效能的整体，充分发挥了系统设计整体结构的优势。

《天工开物·燔石》中有"金与水相守而流""石得燔而咸功""水浸淫而败物""调和一物，以为外拒，漂海则冲洋澜，粘甃则固城雉"。意思为，火可以熔化金属，也可以焚烧石块后产生其他功用，水可以浸坏物体，但用石头经火烧而成的石灰制成的调制填料，却可以修补船缝、抵抗渗水，使大船漂洋过海，使城墙牢靠坚固。可见，自然界的一切事物都是相生相克、相辅相成、相互联系、相互制约的。事物之间的这种关联，使得事物彼此成为不可分离的完整体系。

/ 2.2 / 中国传统文化之下的器物设计

设计文化的产生与人类出现的时间几乎同步，其萌芽远远早于文明的出现。中国传统设计文化是中华民族在漫长的历史演进中创造的物质与精神文明，其中包括中国本土文化与外域文化在交流激荡中学习和改造而形成的物质与精神文明的内容。

中国传统设计文化即造物文化，其拥有一个在长期历史演进过程中的普遍知识和技术背景，以及由此知识、技术背景拓展而出的形而上的造物思想。当我们漫步于中国传统设计殿堂，仍能从古代思想家们对"道"和"雅"的艺术思辨以及人与天地自然的精妙思索中，感受到这些思想对"器"的潜移默化的影响。这也许是中国传统设计艺术的独特文化现象，也是中国传统设计文化的一个重要而不可或缺的思想基础和核心，是每一位关注中国传统设计文化的研究者不得不直面的问题。

以中国历史发展为主线，将中国传统设计文化发展中一些对当时或其后的传统设计文化产生一定影响的重要阶段，进行较为深入的分析和研究，选择传统设计文化沉淀中横向的、典型的设计实例，进行设计文化现象和深层文化结构的分析与探讨，以揭示中国传统文化对传统设计创造的影响和价值体现。

中国具有影响力的重要阶段的设计文化包括：石器设计文化、彩陶设计文化、青铜设计文化、瓷器设计文化、诸子百家设计文化、秦汉设计文化、魏晋南北朝设计文化、隋唐设计文化、两宋设计文化和明清设计文化。清代以后，随着封建体制的瓦解和西方设计文化的传入，中国传统设计文化（包括设计文化）再次面临异质文化❶的选择和交融，这一艰难的路程一直延续至今。

下面就中国器物设计发展历史中的几个重要阶段，从文化的角度进行阐述。

2.2.1 石器设计文化

在考古学上把在长江三峡一带活动的巫山人，到元谋人、蓝田人、北京人所处的时代，以及约 4000 年前的夏代初年，都称为石器时代。

在石器时代，石器是当时人们主要的生产工具，其制作方法是：用一块石头敲击或垂直砸击另一块石头，或拿一块石头在另一块较大的石头上碰击，从而形成可用的带刃石片，并经简单磨制，造出各种用途的石器。这些石器根据不同的用途可分为砍砸器、刮削器和尖状器（图 2-2～图 2-5）。

图 2-2 砍砸器

灰色石英砂岩质，抓握端修理得比较细致，其上无明显痕迹，但与其相对的一端砸击痕迹明显，长 13.0 厘米，宽 7.8 厘米，厚 5.4 厘米。

---

❶ 文化与文化的差异形成异质文化。因此，异质文化通常是指整体文化现象中最具民族性与个性特质的部分。

图 2-3 薄体砍砸器

变质粉砂岩质,反向加工其弧状刃缘,器身为薄而整体的椭圆状砾石片,该器物形状类似劈刀,长 11.7 厘米,宽 7.2 厘米,厚 1.4 厘米。

图 2-4 凹刃刮削器　　　　　　　　　　　图 2-5 砾石尖状器

浅色硅质岩质,器身近方形,一端为直刃,相对的一端修有半圆形深凹刃口,适宜刮削箭杆、骨椎之类的器物,长 4.8 厘米,宽 4.6 厘米,厚 1.2 厘米。　　变质粉砂岩质,将扁平小砾石磨去一部分,使磨削的断面形成一斜刃,整个器物呈三角形,刃缘为弧状,上有使用过的痕迹,长 4.5 厘米、宽 2.7 厘米、厚 1.2 厘米。

　　制作石器的原料主要是砾石,这种砾石(图 2-6)是山上的岩石经过风化作用,再被水流冲刷至地势较低的地方沉积形成的,过程中不断被碰撞磨损,表面被磨得较为光滑。加上砾石的密度和硬度适中,而且数量多、易获取,因此成为工具材料的首选。虽然当时的原始人还未形成有意识的美感认知,但在对砾石这种材料的选择上,表明了当时人类智慧的初步觉醒,也说明了人类在工具器物的原始"制造"中,有一种预先筹划的初始"砾石设计文化"状态。

产品设计与文化

图 2-6　砾石

在此基础上,随着生活实践的不断累积,人类逐步将设计的注意力集中在工具功能的完善方面,产生了多种材料的复合使用,如通过使用藤条来捆、绑、加长等方法把石器和木棍连接起来运用(图 2-7、图 2-8),不仅提高了器具的使用效能,还将石器的使用功能细化,更有利于生产生活。砾石设计文化的创造是早期人类智慧与设计思想成熟的标志。

图 2-7　石斧

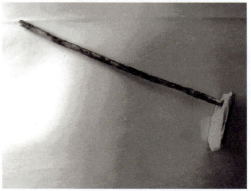

图 2-8　石锄

在石器时代,除了石器工具,还有两种器物可以说明当时人类设计思维的启蒙,一种是骨针(图 2-9),另一种是起到装饰作用的"饰品"。骨针的出现直接反映出当时工具制造水平的提高。这种骨针的制作,必须先剔兽骨,再进行刮削,挖穿针眼,最后磨制。较之石器的磨制加工,骨针的制作应该是一项更有预见性、目的更明确的"设计"

了。磨制好的骨针，可以轻松地将兽皮连缀在一起，制成御寒防晒的衣袍。骨针的使用，一方面提高了人类的生存能力，另一方面，激发了人的手指的灵活性，进而可以促进智力的发育和提高，此外，它还使分工合作成为可能，可以使部落人群分化出部分老弱之人从事手工劳作。小小的器物，却有着悄然转变社会结构的功能，可见设计创新的能量之大。

图 2-9　骨针

至于"饰品"，有钻孔的小砾石（图 2-10）、穿孔的动物犬齿（图 2-11）、刻沟的骨管以及穿孔的贝壳等。饰品的出现进一步说明了当时的设计文化已经开始从最初满足单一的生产需求向较为复杂的带有装饰意味的制品过渡，是设计文化发生的首次二元结构的裂变，尽管其形式与内容尚处于文明的初期阶段，但此时设计文化中蕴含的社会意义却不可忽视。

图 2-10　钻孔的小砾石饰品

硅质砂岩质，器身呈椭圆形，小部分残缺，该器物外沿质硬，呈黑色，内部质软，呈黄褐色。

图 2-11　穿孔的动物犬齿化石
（山顶洞人饰品）

石器设计文化作为传统设计文化生命的胚胎，预示着人类从猿到人的进化，说明了人的意识的初步觉醒，以及对自身生命延续把握程度的提高。工具的设计，经历了从对自然物的积极选择性利用到简单工具的打制，加工方式也从简单到复杂多样，工艺出现创新。这使得劳动的分工与合作成为可能，使人类从单一的对物的需求开始迈向了对精神领域的探求。原始巫术礼仪等原始宗教活动也由此开始萌芽，自此开始了人类的多种"艺术"形式的历史，设计的元文化也从混沌中逐渐裂变出二元结构的雏形。

2.2.2 彩陶设计文化

经考古挖掘证实，至少在旧石器时代晚期，人们就发明了陶器。当时的人们发现泥土经火的焙烧后硬度增大，加上泥土的可塑性，便诞生了一种新的人工器物——陶器。

陶器的发明彻底改变了人类设计文化的最初状态。因为石器设计文化立足于人对石头这一自然界原有物质的外形加工，没有改变砾石固有的物理属性。而陶器是人类借助火的能量，将一种物质改变成另外一种不同属性的物质，改变了原物质的自然属性和物理特性。依靠这种技术，人类便可按照自己的意愿有预见性地设计出所需的器物形态。这是人类设计文化史上一个重大的质的飞跃，标志着人类在改造自然、利用自然和扩大自身再生产的活动中，已经跨入了理性的大门。

陶器的设计制造主要围绕日常生活内容展开，几乎涉及生活领域的各个方面。器物的种类主要有汲水器、饮食器、炊器等，品种繁多，线条流畅而均匀，表面多有纹饰。陶器上一般涂有色彩，基本以红色、黑色为主，也有少量黄褐色、土褐色，以及起装饰作用的白色。虽然陶器设计质朴淳厚、纹饰简练单一，表达的原始意愿却极具研究价值。

陶器工艺发展到新石器时代中后期，在黄河流域及其支流地区出现了一种非常伟大的文化形式——彩陶文化。所谓彩陶是指一种绘有黑色和红色花纹的红褐色和棕黄色陶器，从这种彩色的陶器上我们可以观察到那个时期人们的生产生活水平和审美观念。彩陶是这一时期最富有特征的文化形式和最富有代表性的艺术作品，因此这一时期的文化被称为"彩陶文化"。最早的彩陶发现地是河南渑池县的仰韶镇，所以也称彩陶文化为仰韶文化。

彩陶设计文化的特点之一："象生"的造型设计。

甘肃秦安县邵店村大地湾遗址的人头形彩陶瓶（图2-12），瓶口外部被设计成一个少女的头像，眼嘴挖刻成形，面颊、下颚、鼻子造型准确，比例协调。少女的前额短发整齐，两侧和后部均为披发，显得清秀而传神，少女的身体被巧妙地设计成瓶身，造型显得完整而优美。此瓶的设计文化反映出当时母系氏族是社会体系的核心,以女性为表现主题的造型与图案,从视觉和心理上都占据着人类意识空间的中心,同时还体现出原始初民对生命诞生的想象和敬畏之情。

彩陶设计文化的特点之二:与制陶工艺水平同步提高的绘画技艺。

仰韶设计文化中的鹳鸟石斧纹彩陶(图2-13),器身一侧绘有一只衔着一条鱼的高脚长喙的鹳鸟,另一侧绘有一个竖直的石斧。鹳鸟通身白羽,绘画者用白色涂出不匀的轮廓,用黑线描绘出炯炯有神的眼睛,鱼则以勾线塑造,形象质朴生动。据学者们推测,鹳鸟和鱼可能表示两个不同的氏族,石斧则显示了氏族首领的权威,设计者以简略的形象组合,表现了较为复杂的氏族社会的生活内容。这种设计文化现象,已经预示着象形纹饰的走向,以及它与独立绘画的关系。独立绘画由此进入了它的滥觞❶期,同时也为以后的陶瓷装饰艺术奠定了基础。

图2-12 人头形彩陶瓶

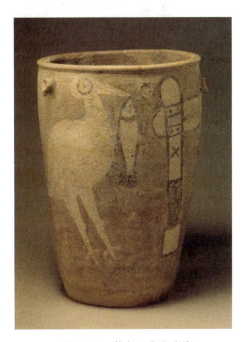

图2-13 鹳鸟石斧纹彩陶

再如新石器时代人面鱼纹彩陶盆(图2-14)。鱼形纹样是半坡彩陶最具代表性的装饰纹样,其由起先的写实手法逐渐演变为鱼体的分割和重新组合,使之抽象化、几何化、多样化,形成由横式的直角三角形纹样组成的装饰图案(图2-15)。此外,人面鱼纹也是半坡彩陶中独具特色的装饰纹样。

---

❶ 滥觞:比喻事物的起源、发端。

图 2-14 新石器时代人面鱼纹彩陶盆

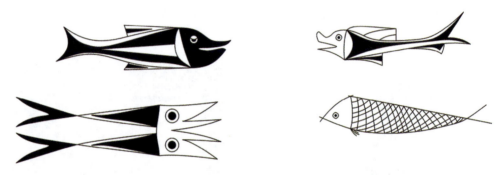

图 2-15 半坡彩陶的鱼形纹

庙底沟彩陶（图2-16）分布于河南西部和陕西关中地区，首次于河南陕县庙底沟发现而得名。植物纹大口鼓腹小平底钵是庙底沟彩陶的代表作品，鸟形纹、带状纹、圆点纹、植物纹是庙底沟彩陶的代表纹样。植物纹和圆点纹是鸟形纹经写实、写意到象征的变化后形成的。鸟形纹是庙底沟氏族部落的图腾。在我国古代神话中，有许多关于鸟的故事，如"天命玄鸟，降而生商"，后来鸟的形象逐渐演变成代表太阳的金乌。鸟形纹是对太阳神的崇拜在彩陶花纹上的体现。

图 2-16 庙底沟彩陶

晚期的马家窑彩陶（图2-17）主要分布在甘肃和青海地区。马家窑的代表作品有涡旋纹彩陶瓮、蛙纹彩陶罐和舞蹈纹彩陶盆，涡旋纹和蛙纹是其代表纹样。其中涡旋纹被认为是鸟形纹的进一步演化，前边提到鸟形纹是氏族图腾，同样蛙纹也是氏族图腾。蛙的形象之后逐渐演变为代表月亮的蟾蜍，蛙纹是人们对月亮神的崇拜在彩陶纹样上的体现。

图2-17　马家窑彩陶

彩陶设计文化的特点之三：较为完善的功能设计。

仰韶设计文化中的尖底汲水器（图2-18），其造型颇有现代流线型的意味。口小、颈短、腹鼓、底尖，腹侧有双耳。大者高约60厘米，小者高约20厘米，将其放置在水中，由于水的浮力和瓶子的重心偏上，瓶子的上半部分会自动倾倒，下半部分翘起，口部半沉于水中，水便顺利进入瓶内，排出瓶内空气，随着水量的增加，重心会缓慢后移，当水量到达一定程度时，瓶身自动下沉于水面之下，装满水后又会自动竖起，部分瓶身露出水面，此时，轻提穿于双耳的绳子，便轻松地完成了打水工作。

很难想象，远古时期的人类已经可以把日常生活的器物功能设计得如此完美。这反映出我国早期的设计文化已经开始重视器物的使用功能。这也是中国传统设计文化将使用的便利性和结构的合理性相统一，以达到物化与文化相融合的目的。

彩陶设计文化开创了人类设计造物史上，创造新物质且按照人的意志设计器物的先河。这是设计文化中重大的、质的飞跃，对其后的瓷器、琉璃的烧制以及金属的冶炼等技术的诞生，起到了奠基作用。早期的彩陶设计以日常实用为目的，却不约而同地选择了"圆"作为基本形，这种对设计对象形态的有意识的选择，显示了当时人们对宇宙中天的初步感知理解，也为后来中国"天圆地方"的传统美学思维埋下了伏笔。到了原始社会的后期，彩陶设计文化开始从"象之器"向"神之器"演化，设计活动的性质也由功用性向社会伦理性方向转化，彩陶设计文化因此成为中国传统文化的起源。

图 2-18　尖底汲水器

2.2.3　青铜设计文化

经过尧、舜、禹到夏代，新的社会形成，诞生了以"礼"为旗号，以天地祖先崇拜为核心，具有浓厚宗教性质的巫术文化，也由此拉开了青铜设计文化的序幕。传说，夏部族在得天下之后，把各部族的图腾重新定性，融为一种"协上下、承天休"的象征符号。这些符号究竟是什么样的，后人只能从流传至今的青铜设计文化中去探寻了。

我国目前已知的最早的青铜器和礼器是夏代的爵和斝。如早期的三足铜爵（图 2-19），其造型纤细，表面无装饰，呈现出一种拙朴的造型意象。

公元前 1600 年，夏被商取代。商人有尚天崇祖的文化意识，认为世间一切都由神在主宰，每事必问天神。于是，祭祀成了商代最为重要的文化活动之一，作为礼器的鼎在这一活动中扮演着沟通天人的重要作用，其巨大的体量与神秘感构成了当时设计文化表达的主题。

图 2-19　三足铜爵

图 2-20　后母戊方鼎

后母戊方鼎（图 2-20）是我国目前出土最大、最重的一件青铜鼎，现藏于中国国家博物馆。它高 133 厘米，口长 112 厘米、口宽 79.2 厘米，重 832.84 千克。鼎体呈方形，附有两个直立的巨耳，体下有四只粗壮的圆柱形足。鼎体腹部的边饰兽面纹和夔纹,中间平素光泽,显得浑厚庄重。直立的耳廓上的纹饰,是猛虎噬咬着瞪目张口的人头,狰狞而神秘。鼎的腹壁内有铭文"后母戊"三字,据考证,它可能是商王文丁为祭祀母戊而铸造的,"母戊"是他母亲的庙号(帝王为他死后的亲属颁赐的一种尊称)。

除青铜鼎之外,很多青铜容器也是商代重要的礼器,其中最具代表性的是皇室和贵族宴乐、祭祀等重大礼仪活动中用于盛放食物和酒水的容器。它们大多工艺精美,装饰多样,反映了商代王室贵族对于祭祀礼仪的极端重视,可视为青铜艺术的成熟作品。

在宗法和伦理双重意识的作用下,天地崇拜和伦理意识取代了崇尚武力的奴隶制早期蛮武文化。这一时期的青铜设计文化一改殷商时期的威严与狞厉,呈现出一种明朗、雅致、规矩的造型风格。其中清代道光年间出土的西周宣王时期的"毛公鼎"颇具代表性(图2-21)。毛公鼎通高近54厘米,重约34.5千克,大口圆腹,整个造型浑厚凝重,纹饰也十分简洁有力、古雅朴素,标志着在西周晚期,青铜器已经从浓重的神秘色彩中摆脱出来,宗教意识已淡化,生活气息增强了。

图 2-21 毛公鼎

毛公鼎上刻有铭文499字(图2-22),乃现存最长的铭文。其大体内容是周王为中兴周室,革除积弊,策命重臣毛公,要他忠心辅佐周王,以免遭丧国之祸,并赐给他大量物品,毛公为感谢周王,特铸鼎记其事。其书法是成熟的西周金文风格,奇逸飞动,气象浑穆,笔意圆劲茂隽,结体方长,对比殷时甲骨文,显得成熟且多了一层浪漫的气息。

图 2-22 毛公鼎铭文拓片

青铜设计文化基本上是建立在当时的社会体制下的,代表的是统治阶级的意志,其核心思想还是为统治阶级服务。特别是作为青铜设计文化的代表——礼器,其功能一是体现对统治阶级有神力保护作用,二是对被征服者具有震慑和恐吓的作用,其本质是一种政治统治力量的物质化符号。

青铜设计文化经历了由夏及周的尊命、尊神到尊礼、尚德的演变历程,逐渐由以神为本走向了以人为本,标志着中国传统设计文化自觉性的萌芽。

2.2.4 瓷器设计文化

在中国历史文化中,除了人人皆知的四大发明外,还有一个重要的发明,那就是瓷器。瓷器的发明是中华民族对世界文明史的一个重大贡献。

在中国,早在商代就有原始的瓷器(图 2-23)出现了。但科学上认定的、真正意义上的瓷器,却是在东汉时期,距今约 2000 年(图 2-24)。日本是在庆长十年(1605 年),受中国制瓷技术的影响,才制出真正的瓷器,落后中国上千年的时间。而欧洲,则到了

18 世纪才开始烧制出瓷器,比中国晚了近 1500 年的时间。

图 2-23　商代的青瓷立马

图 2-24　清代景德镇御窑烧瓷情景

瓷器与陶器的区别如下。

① 烧制温度不同。陶器的烧制温度一般低于瓷器，甚至能达到 800 摄氏度以下，最高可达 1100 摄氏度左右。瓷器的烧成温度则比较高，大都在 1200 摄氏度以上，甚至有的达到 1400 摄氏度左右。

② 成型后坚硬程度不同。陶器的烧制温度低，坯体并未完全烧结，敲击时，声音发闷，胎体硬度较差，有的甚至可以用钢刀划出沟痕。瓷器的烧成温度高，胎体基本烧结，敲击时声音清脆，胎体表面用一般钢刀很难划出沟痕。

③ 使用原料不同。陶器使用一般黏土即可制坯烧成，瓷器则需要选择瓷土，如景德镇的高岭土。用制作陶器的黏土来制成的坯体，在烧到 1200 摄氏度时，不可能成为瓷器，会被烧熔为玻璃质。

④ 胎体透明度不同。陶器的胎体即使比较薄也不具备半透明的特点。例如龙山文化的黑陶，虽薄如蛋壳却不透明。瓷器的胎体无论薄厚，都具有半透明的特点。

⑤ 釉料不同。陶器有不挂釉和挂釉两种形式，挂釉的陶器釉料在较低的烧成温度时即可熔融。瓷器的釉料有两种，既可在高温下与胎体一次烧成，也可在高温素烧胎上再挂低温釉，第二次低温烧成。

⑥ 质地密度不同。由于选用材料和烧制温度的不同，陶器和瓷器各自的质地也不相同。陶器的密度小，吸水率较高，在坑烧❶且不上釉的情况下，陶器甚至会有渗水的现象。瓷器的质地密度大，是盛水的好容器。

瓷器由于其坚固耐用、清洁美观，且制作成本远远低于漆器、铜器的特点，在东汉末期迅速崛起，进而取代了漆器、铜器、陶器，成为大量普及的日常生活用品。

中国瓷器的品类丰富繁多，分类方法也各式各样，基本可分为青瓷、白瓷、彩瓷（图 2-25）三大类。青瓷由于其瓷胎中含铁量较高，烧制后呈青色、褐色。白瓷是在青瓷的瓷胎中去除杂质，特别是去除铁的成分后，瓷胎变白、透明化。彩瓷则主要包括两种情况：一是各种高温的单色釉瓷，如红釉、蓝釉、黄釉、黑釉等；二是彩色花瓷，有高温釉青花瓷、青花釉里红瓷，还有低温釉系列的粉彩、珐琅彩等。

瓷器在设计文化上与陶器相比，产生了更为深远的变化，特别是到了宋代，瓷器美学的境界发展到了成熟完美的程度，极大地体现了中国博大精深的民族文化。

---

❶ 坑烧是原始社会最常用的一种烧成方式，是一种没有窑炉结构的敞开烧成方式。在敞开的窑火中，陶罐只能烧到约 816 摄氏度。这个温度对于烧硬质陶来说足够了。当代陶艺工作常用坑烧来获得特殊的表面效果，例如沉碳和熏色。坑烧的技术相对简单，易掌握。

图 2-25 彩瓷

瓷器设计文化特点之一：富有"情趣"的动植物造型、艺术化设计。

瓷器设计的显著变革时期，可以说是在三国两晋时期。汉代以后，中国是分裂局面，三国两晋南北朝，只有西晋出现过短暂的统一，其余时期都是四分五裂的。然而，这个时期的文化非常丰富。由于国家处于分裂局面，很多士大夫十分厌烦社会现实，想要逃离政治。可以说，中国各个门类的艺术，都在这个时期开始进入蓬勃发展、新人辈出的状态，如书法家王羲之、画家顾恺之、诗人陶渊明等。

中国的造园艺术也是在魏晋时期得以蓬勃发展，后来的唐、宋、元、明、清的造园艺术，都受到魏晋时期的重大影响。魏晋人饱受三国时期的战争之苦，需要停下来休养生息。就在这时，中国瓷器出现了大量的动植物造型，这是因为当时整个社会都十分强调内心感受。受到社会整体文化背景的影响，魏晋人觉得这样的造型很有情趣，如熊尊（图 2-26）、鸡头壶、羊头壶（图 2-27）、荷叶瓷碗、海棠式大碗等。动植物造型的瓷器栩栩如生，充满灵气。

荷叶式大碗仿荷叶造型（图 2-28），碗面如出水荷叶，边缘起伏，碗口敞开，充满自然生趣；海棠式大碗（图 2-29）形如盛开的海棠花，曲折多姿，线条流畅，异常优美。

瓷器设计文化特点之二：装饰工艺更为精湛、成熟。

瓷器发展到宋代，装饰工艺已经层出不穷，十分成熟，各窑系的装饰手法各有特色。如定窑白瓷刻花、划花与印花的装饰方法；观台窑白釉划花、剔花，珍珠地划花，绿釉釉下黑彩，白釉红绿彩，低温铅釉三彩；龙泉窑"出筋"等。装饰手法的成熟，使宋代的瓷器工艺发展到了一个极高的境界。

图 2-26　西晋的青瓷熊尊

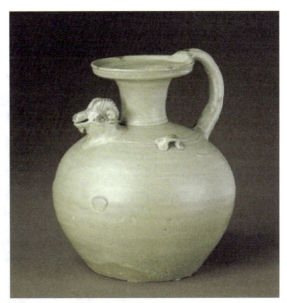
图 2-27　东晋的青釉褐斑羊头壶

图 2-28　荷叶式大碗

图 2-29　海棠式大碗

如磁州窑白釉黑花牡丹纹瓶（图2-30），采用绘画的方式装饰，瓶身修长，造型挺拔俊美。在黄色胎上施挂白色化妆土，以白色为地，以黑彩绘折枝牡丹纹装饰。纹饰构图轻松大方，花叶疏落有致，用笔自然奔放，线条自然流畅，生机盎然。牡丹花与枝叶鲜活灵动，有如飞鸟翱翔，奔放不羁，形成一种清新、质朴、大方、浑厚的艺术表现语言，传达出民间匠师们独具的艺术天赋和审美追求。

在这种白地黑彩的装饰形式中，我们可以清楚地看到民间匠师们将中国传统绘画、书法艺术运用到瓷器装饰中（图2-31），并通过创新改造，使其成为一种超凡的装饰艺术手法。

图 2-30　磁州窑白釉黑花牡丹纹瓶

图 2-31　宋代磁州窑白地黑彩连年有余

瓷器设计文化特点之三：实用性、科学性更为凸显。

在历史上，产品的设计与制造往往都凝聚了当时科学、技术和工艺的最新成就，表现出一种具有时代特征的创造性，如耀州窑青釉刻花提梁倒流壶、汝窑天青釉盏托等。

北宋耀州窑青釉刻花提梁倒流壶（图2-32），壶身呈圆形，壶盖不能开启，只作为象征性的设计，盖与提梁连接，提梁设计成伏卧的凤凰，与出水口处设计的一对正在哺乳的母子狮造型相呼应。母狮张开的口为出水口，造型生动别致，颇具匠心。壶腹刻饰有缠枝牡丹花，下饰一圈仰莲瓣纹，精致美观。此壶设计为倒流壶，进水口在底部，壶内设计有漏柱与水相隔，进水口虽在底部，但灌满水正置后却滴水不漏。这是利用了连通容器内液面等高的物理原理，造型和功能的设计完美结合，反映出当时工匠艺人的睿智巧思，堪称我国陶瓷史上的杰作。

图 2-32　北宋耀州窑青釉刻花提梁倒流壶

汝窑天青釉盏托（图2-33）是北宋时的茶盏器具，宋代人端茶很讲究，要有盏托，为的是品茶时不被茶烫着，也更显得雅致高贵。如此实用、精美、高雅的盏托设计，可谓独具匠心。

青花瓷是中国陶瓷史上一朵素洁、高雅、充满中国艺术韵味的奇葩。青花瓷的创烧成功，是我国陶瓷史上划时代的转变。青花瓷与前述的"青瓷"不是一个概念，青花是一种特征明显的瓷器装饰手法。

青花瓷属于釉下彩绘工艺，即其纹饰是绘在经素烧的瓷胎上，绘制完成后再在其上罩釉，经高温一次烧成，其纹饰在透明釉之下，故又称釉下彩。釉下彩主要有两种：一种是在瓷坯上用褐绿彩直接画纹饰；另一种是先在瓷坯上刻出轮廓线，再在线上填绘褐绿彩，最后挂青釉。

图 2-33　汝窑天青釉盏托

青花瓷的装饰方法主要用绘画的方式，这就将中国的书画艺术与瓷器的装饰方式融为一体，将中国书画艺术从纸、帛等材料上转移到立体的陶瓷器物上，成为一种新的视觉形式和艺术载体，为中国瓷器美学艺术拓展了新的无限空间（图 2-34、图 2-35）。

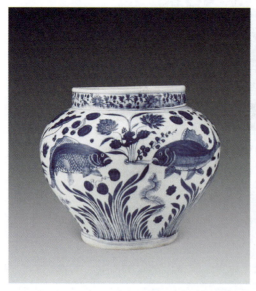
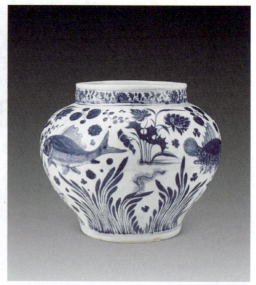

图 2-34　元代青花荷莲鱼藻纹罐

此罐为元代典型器物，寓有"清白廉洁"之意。莲花为佛教标志，被认为是东方净土的象征，是孕育灵魂之处。鱼生殖繁盛，有祝福多子多孙的寓意，"鱼"与"余"谐音，又象征着富足。此罐使用借物寓意的表现手法，艺术风格清新明快，为元代青花瓷的精品。

图 2-35　明代永乐青花缠枝莲纹大盘

此盘为青花装饰，盘心绘缠枝花卉纹，内壁环饰折枝花卉纹，口沿绘海水纹，外壁绘折枝花卉纹。胎体轻薄，胎质洁白细腻，釉面光润。青花色调清雅明朗，纹饰描绘盘曲迂回，线条舒展柔美，生动活泼，潇洒自然，表现了高洁雅致的意境，展现出永乐青花瓷清新明快的艺术魅力。

/ 2.3 / 当代产品设计中的文化融合

人类自出现以来，为了生存一直不断地与自然界做斗争，在斗争的过程中学会了造物，造物设计使人类踏上了文化的道路。纵观人类文化的进步史，所有的文化进步都与设计分不开，是设计推动了人类社会的前进。自然的人化进程就是人类的文化进程，因此可以说，人类的文化史就是一部人类的造物设计文化史。

设计是一种高层次的精神活动，它以一定的生活方式和生产方式为依据，以一定的价值观念为导向，是社会、民族、时代、文化的载体（图 2-36）。

文化设计是一种全新的概念，是在设计过程中，调动一种或多种文化元素或文化符号，进行提炼、完善，并通过解构、重组等艺术手法来表现思想或情感初衷的设计。文化设计有别于传统概念下的艺术设计，其对设计进行深度促进和改善，对文化和设计两个方面的发展都具有重要作用和意义（图 2-37）。

（1）**文化设计的作用**

文化设计是人类在对自然理解的基础上，运用材料和科技力量，并通过艺术的表现手法来追求更具生活品质的行为。它涉及自然科学和人文科学等多个方面，是人类科学和文化水平的集中反映。因此，设计是不同文化间相互协调和融合的过程，是对文化的整合。

产品设计与文化

图 2-36　北京国奥村南北四个大门之一

大门采用了障景造园手法，分别用了彩陶文化、青铜文化、漆文化、玉文化的叠水影壁将美景置于其后，形成了欲扬先抑的景观效果。

图 2-37　北京奥运村景观内的坐凳与草坪灯

设计者对中国传统窗花图案进行抽象和简化，分别将其用在四个区域的坐凳、屏风、草坪灯等小品上，来体现四个区域各自的特色，设计中烙上了深深的中国传统文化的印迹。

文化的进入使设计有了改观，对设计各方面的提升都起到不可估量的作用。

① 从作品的角度来说，加深了作品内涵，提升了作品价值。当然，一般的设计也有着一定的内涵和价值，但设计作品中有了文化投入，势必会使作品有了一定的文化信号堆积，变得厚实、凝重起来（图2-38）。

② 从文化的角度来说，设计提炼并总结了文化元素，推广和加深了文化效应。文化的概念是形而上的，是不易把握的，但文化元素是具备可视性或可感知的，比如中国传统文化里的剪纸艺术、木雕艺术、糖人艺术等艺术形式，无不体现出一定的文化底蕴。这些文化元素进入设计后，会通过设计固有的表现形式重新解构、组合，由普通文化元

素转化为构成设计作品的重要设计元素和设计符号。这本身就是一个由审视到选择,由提炼到完善,由对比到总结的理论判断过程(图2-39)。

图 2-38 融入中国民族文化的包装设计

图 2-39 融入满族民间剪纸文化的包装设计

产品设计与文化

对于文化的宣传主要分为两种：一种是内在的、自发的，是文化本身所具有的拓展性和宣传效应；另一种是外在的、人为强加的，比如文学作品、艺术鉴赏等，都具有文化普及的作用。而文化设计作为一种可视化艺术表现形式，其直观、简洁、实用的功能对文化的宣传具有不可估量的潜力价值（图2-40）。

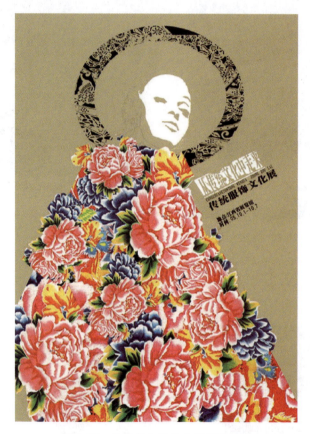

图2-40　极具文化宣传力的海报设计

③ 从观众的角度来说，一件具有深厚文化意蕴的设计作品，不但能带来艺术上的享受，还能让人从心底感受到文化的魅力，对文化进行又一次的了解和深化。从客观角度来说，一件具有文化倾诉力的作品，不仅能够提升作品本身的价值和意义，也会在和观众的"默默对视"中提高观众的艺术审美水平，并对观众的艺术感知和文化感应起到一个整体上的升华作用（图2-41）。

④ 从设计者的角度来说，文化设计也在一定意义上起着积极的作用，将作品从重视商业目的和艺术表现手法转移到以文化倾诉为主、以商业服务为辅的层面上去，体现出设计者文化心理的成熟和完善（图2-42）。

图 2-41 杭州城市标志

标志由"杭"的篆书演变,将航船、城廓、建筑、园林、拱桥等诸多要素融入其中。"杭"字古义为"方舟""船","杭"又通"航",标志整体似航船,体现了杭州作为历史文化名城的底蕴,又象征着今天的杭州扬帆起航,展现进取、意气风发的精神面貌。标志还将江南建筑中具有标志性的翘屋角与圆拱门作为表现形式,具有中国传统文化和江南地域的特征。

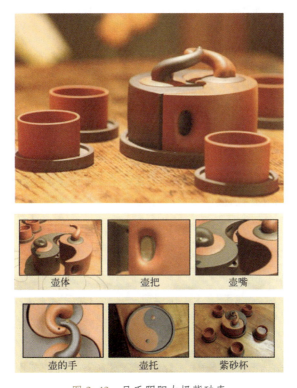

图 2-42 吕氏阴阳太极紫砂壶

"阴阳太极紫砂壶"是吕氏父子(父吕尧臣、子吕俊杰)为献礼祖国 60 华诞,首度联手制作的紫砂精品。

以吕氏家藏陈腐 30 年的极品紫砂泥,经"吕派壶艺"细制。作品以"阴阳太极图"为元素,将金、木、水、火、土五行以抽象方式表达,借鉴明代家具的榫卯结构,"壶中藏壶",将阴壶(黑)、阳壶(红)合二为一,两把壶的"手"神似抽象的男女人体,相互勾连,寓意阴阳相生、生生不息的"和谐、生福(壶)"理念。

该作品集东方美学、道家智慧、"和"文化、禅茶文化于一身,阴辅阳,阳佐阴,气息相通,如太极之象,浑然一圆,被称为当代紫砂器中的"天下第一壶"。

一件艺术作品的最大魅力是对文化的体现。设计中融入的文化能够增强设计作品的影响力，这种影响不仅指作品本身因为底蕴、内涵的提升而造成的积极影响，也指通过文化元素的作用，刺激了观众心底的文化情结，从而使观众产生一种对作品的强烈的亲近感和皈依感。这两种影响，一种是由内向外的能量释放，另一种是由外向内的推举、依附，两者没有前后、轻重之分，而是相辅相成、紧密相连的效应共同体。此外，一件作品的成功，必然是无数件类似作品的积叠，然后产生一种整体性的效应，而这件作品又对产生这种效应做出了积极有效的价值体现。

（2）文化设计的意义

现在，人们普遍能够接受具有情感回归性、视觉冲击性强的艺术作品，这是因为现在的人们，其审美心理是一种由对以往美感依附丧失后的失落或怀念，转向对现存美感创造的认同和寄托。这种"复古"性心理的审美观，其实是对过去文化的一种缅怀的体现。那些随时代已成为过去的文化元素或符号，我们不必再将它们唤醒，因为在新的时代里，它们已经失去了整体性的依属。但我们可以提取它们的精髓，将它们复原成一个个具有新时代象征性的因素，如此，既能满足现时代人的审美需求，又能传承悠久而精深的民族文化，这也是现时代设计的使命和意义所在。

① 彰显民族气韵，体现民族特色，推动民族文化发展。

"民族的就是世界的"，任何一个民族的文化都是世界文化不可分割的一部分。每一个国家的地理、气候、传统、风俗、经济等都不尽相同，所形成的民族文化也就不同，而正是因为这些不同才构成多样的世界文化大家庭。每一种民族文化既是互相区分的标识，也是造物设计上深刻的文化烙印。文化设计正是人们创造和设计的器物上的文化烙印，它在对本土文化进行深度挖掘的基础上，让设计作品充分容纳文化元素和文化底蕴，从而使作品具有相当强烈的民族文化色彩（图2-43）。

现代设计的定义是将具体的事物和抽象的理念通过特殊的图形表达出来，使人们在看到设计作品的同时，通过自然而然的联想，产生对作品和作品目的的认同感，是现代视觉传达系统的一个重要组成部分。

因此，融入民族文化的现代设计作品，不仅具有良好的视觉感受，还使观者对文化产生深层次的领悟。纵观过往的优秀设计，设计的创意无不在简洁明了的形式美中，蕴含着一个企业或者一个团体的文化特质和时代精神。例如，香港的著名设计师靳埭强将积淀几千年的历史文化，如中国古钱币、水墨文化、儒家文化等，融入现代的设计创作中，从而设计出了许多优秀且具影响力的设计作品，是当代设计与传统文化相结合的典范（图2-44）。在"文化设计"理念的影响下，未来的设计作品必将起到彰显民族气韵、推动民族文化发展的重要作用。

第 2 章 | 中国传统设计文化

图 2-43 汉代龙凤纹佩

采用和田黄玉，玉质如凝脂。体型为片状，正反两面纹饰相同。玉佩造型规整、构思缜密。龙、凤躯体边缘用弧面来塑造，突出躯体的立体感、肌肉感，其间点缀流云纹、卷云纹和鼎纹，鲜明地烘托出了龙行天下、凤翔云际的主题，充分体现出中华民族大中至正、平和稳定的精神内涵和审美情趣。

该汉代玉器是王玉的典范，尤其是以龙凤为题材的玉器又是汉代玉器中最具代表性的，此后"龙凤文化"成为中华民族的精神象征。"龙凤文化"彰显出一种唯我独尊的霸气和胸怀寰宇的博大，是后世作品难以比拟的。

② 美化观众的视觉心理，提升观众的艺术审美和文化感知，增强民族精神。

在当前经济占主导地位的时代，许多设计作品趋于商业化，不同程度地淡化了作品本身的艺术性和文化性。这使得现代观众的审美也被这样的作品所禁锢，审美情趣陷入低迷的阶段。

俗语说"根深才能叶茂"，没有文化底蕴和审美空间的作品是枯萎的，是会快速消亡的。因此，文化设计的重要意义之一，就是从根本上改善目前这种设计状况。

一千多年前，日本从中国借鉴了包括佛教、汉字书写体系以及唐代的艺术和建筑等文化，再结合自身对自然、神道的崇拜，逐步融汇形成了一种日本独有的，既简朴又繁复，既严肃又怪诞，既有楚楚动人、抽象的一面又具有现实主义精神的一面的日本文化（图 2-45 ~ 图 2-50）。

图 2-44　靳埭强设计的海报作品

图 2-45　由日本设计师 Jun Yasumoto 设计的琵琶灯（阅读灯）

图 2-46　由日本设计师 Jun Yasumoto 设计的 Entre Lineas 书页灯

第 2 章 | 中国传统设计文化

图 2-47 日本设计师深泽直人设计的 CD 播放器

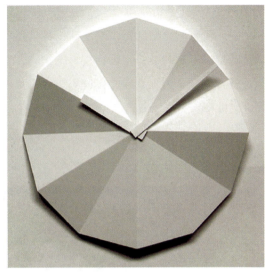

图 2-48 日本设计双人组 Pinto 设计的 Nuance 时钟

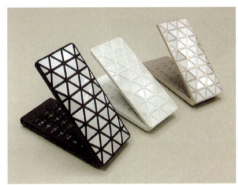

图 2-49 日本设计师坪井浩尚设计的 Light Pool 手机

图 2-50 日本设计师坪井浩尚的设计作品

③ 丰富设计手法，扩大设计视野，提高整体设计水平。

设计需要创意和创新，但任何一种创新都需要有一定广度和厚度的后备支撑。文化设计的提出，是对设计师设计视野的扩充，也是对设计本身的一种有力填补。文化的指向是多元的，文化元素或文化符号进入设计，这本身就是对设计素材的一次完善性填充和纵向性拓展（图2-51）。

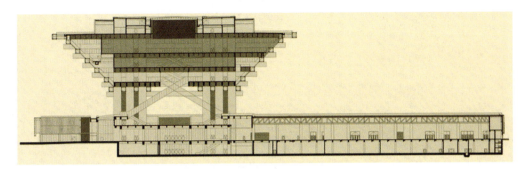

图 2-51　上海世博园里的中国馆

中国馆的基本设计定位为中国特色和时代精神。

中国馆被称为"东方之冠",其造型的设计是从中国的文化符号中,从中国出土文物的斗、冠的造型中,从中国的园林中得到启发,用现代的材料、现代的技术、现代的美学观点,把各种元素加以整合,整合的每一步都体现出中国元素的特征。这种整合是抽象而不是具象的,中国馆的造型很难看出来具体是属于哪个朝代的,参观过的人有的觉得像斗拱,有的说像官帽,有的说像鼎器,这种很难具体说明的"像"就包含了宽广的文化内涵。

因此,"东方之冠"中可以看到斗拱的影子、中国建筑构架结构的逻辑、中国人最喜爱的红颜色、中国的园林造诣,还有中国的印章——篆体文字等这些中国元素。这些元素体现出中国鼎立于东方、自强不息的精神。这种泱泱大国的鼎立之势,非常有标志性,代表着中国的精神和中国当前发展的趋势。

中国馆选定的色彩——中国红。经过对多种色彩方案的分析比较,最终锁定了最符合中国馆的红色——故宫的红。在色彩的运用上,中国馆外墙使用了四种红色,从上到下是渐变的,第一层最深,二三层浅一点,四五层又浅一点,第七层最浅,这样可以形成一种空间感,而这种色彩的变化,从远处是看不出的,但能给人很舒服的视觉感受。

中国馆的每个面都有三十一个突出来的"梁头","梁头"的端面上,分别写了相对应的方位(东、南、西、北四个字),采用的是九叠篆的笔法。同时"梁头"的断面很大,可作为空调管道,起通风或排烟作用。这里,设计师把现代工程与中国元素完美地结合起来。同时,地区馆的一圈外墙采用篆体文字书写,内容为中国的二十四个节气,既起到了装饰作用,又体现了浓重的中国文化特色。

/ 思考与练习

1. 中国传统设计思想追求的最高审美境界是什么?谈谈你对此的理解。
2. 文化元素的引入对现代设计的影响是什么?请举例进行说明。
3. 请辩证思考"民族的"和"世界的"之间的关系。

第 3 章
/ 日本文化之下的现代产品设计

/ 知识体系图

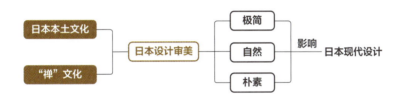

/ 学习目标

知识目标

了解文化发展与设计风格形成之间的关系,并通过具体的设计作品与案例来明确设计中的文化作用与呈现方式,能够通过设计对象存在的人文环境来寻找设计突破口,获取设计创新的灵感,并把对人文的理解通过设计赋予在设计对象上,让设计作品从内容到形式都更加符合使用对象的心理和行为习惯,使其更具有市场价值。

技能目标

1. 具备归纳地域文化特色及提炼文化元素的能力。
2. 具备能够在现代设计中演绎文化内涵和文化元素的能力。

/ 引例

日本设计极具辨识度,这是由于日本创造性地以"双轨制"的方式巧妙地协调了高新技术和民族文化之间的关系,创造了独有的日本本土化的设计风格,使得这两种设计元素由对立面走到了一起,最终统一于日本的产品设

> 计。日本传统文化是影响日本现代设计的根源之一，特别是美学传统，重视细节、崇尚自然、讲究简单朴素、讲究美学的精神含义。日本的设计既是高科技的产品，也同时能体现日本人特有的情感与审美需求，体现出东方含蓄的思想意境。

/3.1/ 日本生活中的"禅"文化

3.1.1 "禅"与日本茶道

　　茶道和禅宗几乎同时传入日本，这种先天的孪生现象，注定了两者在历史发展中难舍难分的特殊关系。镰仓幕府的"护国兴禅"使得禅宗在日本发展迅速。由于禅宗清规诸多，日本禅寺多规定午后不进食而代之以茶。于是，茶就成了僧侣生活之必需品。由禅僧兴起的茶文化带动了全社会的吃茶之风，为日本独具特色的茶道的形成，奠定了坚实的基础。

　　大约在15世纪中叶，豪华气派的"唐式茶会"逐渐散失其昔日的光彩，取而代之的是注重感情，提倡日本民族风格，追求枯淡闲寂的"茶之汤"。

　　"茶之汤"是"茶道始祖"禅僧村田珠光（图3-1）所创的早期茶道。村田珠光把禅宗崇尚本心、追求自然无为的宗旨与"茶之汤"融合为一体，称为"茶道"，即指这一艺术形式所包含的哲理和以心悟茶的思想体系。村田珠光曾多次以禅理来阐发茶道之理，把枯淡闲寂之美提到了前所未有的高度。他告诉人们，"茶之汤"的要旨是守住一个"心"字，"心本清净""心本自然"，只要牢牢地驾驭了一颗"我心即佛"的本心，就能领悟"茶之汤"的化境。由此可见，禅宗与茶道的渊源之深。禅宗的遁世思想为"茶之汤"的兴起提供了必要条件。

　　村田珠光之后，出现了被视为"茶圣"的千利休（图3-2）。千利休继承了村田珠光的"禅茶一味"思想，主张以禅宗的禅境追求茶道之化境。千利休曾从学于既是茶人又是禅师的武野绍鸥，既学茶道，又事参禅。他首创了"草庵茶道"，常对品茶者说："吃一碗茶"，后人将此喻为"茶道公案"，认为从中可品味出无尽的禅意。"茶之汤"经千利休改革，最终定型为茶道。千利休在改革"茶之汤"的过程中，提出了最能体现茶道思想和审美意识的"和敬清寂"四个字，几百年来，人们一直用这四个字来阐述"禅茶一味"的化境。

第 3 章 | 日本文化之下的现代产品设计

图 3-1　村田珠光

图 3-2　千利休

"和敬清寂"（图 3-3）的茶道是禅宗日本化之后结出的清香典雅的艺术奇葩，是禅宗自然观外化的一种艺术形式。其"和"的主张后来也被禅宗吸收，主张用淡泊无为的清净本心去体验、了悟"梵我一如"的"和境"；"敬"是"和"的孪生概念，茶道吸收了禅宗的"心佛平等观"，并加以升华提炼，形成了"敬"的情感概念；"清"是茶道与禅宗共有的意识，禅宗认为"本心清净"是"物我两忘"的先决条件，唯有如此，才可达到"梵我一如"的最高境界；"清"是禅宗空无观最鲜明的特征之一，有人把茶道视为"清意

图 3-3　和敬清寂

之所在""佛心之流露",深刻地揭示了禅宗与茶道的内在关系;"寂"是"枯淡闲寂"之意,是茶道美的最高境界,亦是"禅茶一味"的灵魂所在,枯淡闲寂之情是禅宗对自然界的感受及领悟,表明了"不以物喜,不以己悲"的禅境。

同时,千利休利用自己在上层社会的地位及影响,大力发展并普及茶道,并对茶道进行了一系列改革,使之更具民族化、民间化的特色,逐步发展为"平等互惠"的新茶道。至此,日本茶道初步形成。

3.1.2 "禅"与日本花道

日本花道最早起源于中国隋代的佛教活动——佛堂供花,后来在宋元时期随着佛教一起传入日本,形成了日本原始的花道。平安时代供花逐渐演变成供人们欣赏的插花艺术,直到15世纪末才出现花道的专门艺术家,花道艺术开始形成,逐渐成为日本妇女品德、技艺修养的一项内容,并慢慢发展为一种深入浅出的大众文化活动。

花道艺术之所以能普及和流行,而且受到日本各方面的重视,据说主要原因是"日本人对自然的一种心情"(图3-4)。日本民族自古以来就热爱大自然,哪怕是对一朵花,也会研究它的来龙去脉,观察它的形状姿态。这种深刻重视植物,甚至和植物心心相印的日本民族特有的艺术精神,是花道艺术发展的最主要原因。

图3-4 花道艺术

日本的僧侣们在平时吃斋念佛的日子里，便与花结下了不解之缘，插花的创作者们主要是寺院的僧侣。

在日本，插花这一行为，被认为是与佛教相通的。日本花道同茶道一样，深层次地接受了禅宗思想的熏染。禅宗讲究平衡，花道便运用位置、方向和运动这三种要素，将平衡作为插花的原则。从日本花道中可以顿悟出"大象无形""少即是多"的禅宗思想道理。另外，日本花道讲究在插花时用禅心做事，思考极为缜密，比如插花时所用花枝的数目一般都是单数，这样制作出来的插花称为"生花"，是有希望的花，由于不圆满，才显得有希望。因此，花道中处处有禅，插花作品会显现出简单、幽静、轻巧、朴素的禅的意境（图3-5）。

图3-5　插花作品

日本的花道并非植物或花型本身，而是一种对情感的表达，是人与花的对话，同时也是人与自身心灵的对话。古代的日本人凝视或者欣赏鲜花时，会感到一种无限的爱意，产生一种自我反省的忏悔心情。花道通过线条、颜色、形态、质感的和谐统一来追求"静、雅、美、真、和"的意境。

因此，从深处看，花道首先是一种道意，它逐步培养从事插花的人身心和谐有礼，插花时，讲究的是思想和理念，并不是花的数量和华丽；其次，花道又是一种综合艺术，它运用了园艺、美术、雕塑、文学等人文艺术手段（图3-6）。

产品设计与文化

图 3-6　花道

　　插花艺术讲究顺其自然，任何物品都可以作为花器。铜盆、铁钵或陶瓶、瓷罐，以及木材、竹子，甚至是废旧的物品都可以。花器不仅仅只是用来插花，它也是完整的花道作品的一部分。

　　在日本古代和现代的一些茶室里，往往只摆上一束简单的花草，就能营造出一种返璞归真的氛围。这正体现了花道中追求宁静的心，以及质朴无华、回归本真的禅意（图 3-7）。

图 3-7　日本商业空间设计获奖作品

3.1.3 "禅"与日本文学

由于禅宗在日本的推崇和普及,士大夫们也积极参与,将禅宗的影响带入了文学艺术领域,使得日本中世文学的审美也被禅化,出现了许多富有禅意、禅趣的文学作品,逐渐形成了新的"空寂""闲寂""幽玄"的文学审美观。

日本人崇尚、喜爱自然,他们喜欢在自然中追求精神的解脱,与从自然中看破人生的态度不同,其是将自然作为精神复归之所。这种"从自然之中寻求解脱"的精神,是日本思想史的重要组成部分。

这种借助自然美的魅力消除人生忧闷的思想意识,使日本的许多文人雅士产生了隐居其中的"山村"思想。这种"山村"思想在万叶时代,因自然的魅力与人生的痛苦直接相结合的思想尚微弱,故未十分强盛;进入平安时代后,由于社会混乱,忧国忧民的思想浓郁,便逐渐为许多文人雅士所憧憬,先后于深山中结庵隐居。其中一位著名的"山村"隐居之人,便是镰仓时代的鸭长明(图3-8),他在经历了镰仓初期激烈的政治变革和贵族社会的没落之后,只身到日野,结草庵隐居,以寻求精神上的复归。

图3-8 鸭长明

日本"山村"思想的产生,主要有三方面的原因:一是由于自然本身的美,有静寂且不为俗尘玷污的魅力;二是受中国士大夫,如陶渊明、李白、白居易、王维等超尘脱俗、皈依自然、追求精神解脱的人生哲学和审美情趣的熏陶;三是受佛教山林修行意识的影响,山林闲居成为一种清净修行的方式。可以说,"山村"思想是日本传统文化(自然观、中古以后的厌世思潮)与外来思想(中国传统文化、佛教禅宗思想)相结合的产物。

禅宗与"山村"传统精神的结合,形成了松尾芭蕉(图3-9)的俳谐艺术论。松尾芭蕉是日本文学史上具有划时代意义的杰出俳句诗人,其开创的"蕉风俳谐"是日本诗歌史上的里程碑。松尾芭蕉的诗风可以用"闲寂风雅"四个字来加以概括。其最著名的代表作《古池》:"闲寂古池旁,青蛙跳进水中央,扑通一声响。"描写了一只青蛙跳入古池的一刹那,四周闲寂的"静"与青蛙跃入池塘的"动"完美地融为一体。在青蛙跳跃之前,一切都是静的,青蛙跳入古池之后,一切仍会恢复平静。表面上是无休无止的静,内在却蕴含着一种大自然的生命律动和无穷奥妙,以及作者内心的无比激情,洋溢着一缕缕微妙的余情韵味和清寂幽远的意境。这集中体现了芭蕉的"闲寂""幽玄""风雅"的俳句风格,带有强烈的象征性和神秘性。通过"青蛙跳水"的意象,直觉地表现了时间的同一性,使现在、过去和未来都统一弥漫于佛教的无差别的"空"的世界中,而就在这"空"的世界中,却包含着生命的无限生机。这也正是禅宗所表达的物象飘逸空灵和心境淡泊悠闲的审美境界。

图 3-9 松尾芭蕉

禅宗美学十分重视通过有限的自然形态或有限的笔墨、色彩、节奏、线条等来传达无限的生命意蕴。故而倡导艺术创造的法则应该是虚实相生、有无统一、形神兼备、情景交融的,其更注重形外之神、实中之虚、象外之象、言外之意。

禅宗强调整体、直观的思维方式,主张"道"蕴于天地万物,而"道"不能用普通感官和逻辑分析去感知和获得,它只能用整个身心去体验和顿悟。禅宗文学受此影响常常表现出身外无物的场景。松尾芭蕉曾有俳句佳作"万籁闲寂,蝉鸣入岩石",抒写了闲寂旅人在百无聊赖时，蝉鸣之声隐约在岩石之中的禅境。"蝉鸣入岩石"将人、蝉、石融为一体，产生一种神妙幽寂的审美空间。那寂静山林中，生命的跃动被赋予了禅趣，令人回味不尽、难以忘怀。由于禅宗静默观照的冥想含有大跨度、跳跃式的联想，孕育着全身心体验事物的人的清净本性，且禅宗提倡幽深、清远、淡泊的生活情趣，这些都恰好吻合了日本文艺心理学上的直觉、移情、欣赏距离及联想等审美心理活动——人在静静的直觉观照中，山川溪石的美与心灵的情感互相交融，用心灵体验到了大自然的秀丽妩媚，大自然被注入了心中高雅淡泊的情感，在大跨度、跳跃式的联想中，人的感觉超越了具体的物象，甚至超越了具体的情感，驰骋在无边无际的思想与感情的荒原上，这样创造出来的文学艺术品，其内蕴会得到更大的丰富。

/ 3.2 / "禅"文化对日本设计审美的影响

许多日本现代设计大师，如三宅一生、隈研吾、深泽直人、原研哉等都曾提到"好设计"必是"无设计"，也就是心外无设计，即"心设计"，提倡在日常生活中做到有意无意的修行养心，梳理"心思"，并把修行的参悟体现在设计作品上。不管设计的对象是什么，都常让人在作品上体会到"万里一空"的简洁与宁静，这便是日本的"禅"，也正是日本设计师的智慧之处。

3.2.1 平面设计方面

日本的设计风格在世界上是具有独特魅力的，无论在平面设计，还是在工业设计上都是佼佼者。日本平面设计常以一种传统东方的思维方法和感受力来表现作品的内容，让人仿佛能从中看到一种静、虚、空灵的禅境，感受到一种东方式的思维，使作品若隐若现地呈现出一种雅致、高洁的气质。

日本设计的创作风格是实与虚的糅合，在继承日本传统美的意识的同时，伴随着清冷的感触。日本的许多平面设计常让人体会到一种似雪花静静飘落的感觉，其透出的气质可谓华美中见寂灭，悲哀与喜悦并存。动中见静，生中见死。没有同时代西方设计作品中的那股"暴力感"，没有冲突与高潮，没有草野气，多是细致的、平静的抒情，以清冷的笔触，平和的神情，在冷淡中描绘了一个梦与现实分不开的世界。

日本的设计艺术，有时借助于鲜明的民族传统视觉符号，如日本的富士山、樱花、茶道、和服等饱含民族审美意味的图形，以典型的日本风格呈现在世人面前。有时又在艺术表现上不使用任何传统视觉符号，让观者超越对视觉符号表面形式的关注，由此认为美也存在于非具象的事物中，将人对视觉的解读由表及里，深入到心灵深处。

图 3-10 中的平面设计作品都是出自日本设计大师——佐藤晃一。其作品以民族风格

为中心，在继承了日本文化中肃静、悠远、清雅、柔和的民族风格之后，更进一步将这种风格推向完美和充实，提炼了日本文化中最精要的精神内涵。

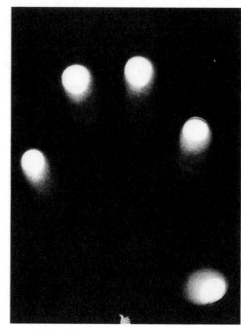

图 3-10　佐藤晃一的海报设计

佐藤晃一的设计作品有时表现得起伏跳跃，就像日本的俳句，语法、字句、节奏凝练而含蓄，在没有着笔的空白处让人感到十分有魅力。如此有意无意间的留空，就是超越理智的纯日本、纯感性的世界，让人品味无穷的"空无"的艺术世界。

这种以传统的"空灵、虚无"的禅宗思想为基础，融合日本艺术特有的"清愁、冷艳"的浓郁色调，追求艺术中浮现的优美和冷艳的感情世界，不仅丰富了设计的视觉语言，也引领了人们对设计的思考。

3.2.2　产品设计方面

在日本禅寺的门口，常挂有一块木板，上面写着"照顾脚下"，其意思就是请注意脚下。日本的普通住宅中，也都在入口的地方设有一处"玄关"（是室内与室外之间的一个过渡空间，用于换鞋或更衣）。人们在进门之后先脱鞋、换鞋，然后整理好，再进入里屋，这看似普通的家常之事，是人们生活最具体、实在的行为，也是关系到根本性的人的生活方式。

老子说"玄之又玄，众妙之门"，最简单却又最深奥的道义，就在这一步踏入的玄关门。而日本正是把这个称为"玄关"的门设在进屋的第一个位置，相比室内，它显得不那么重要。这正是日本"禅"的一种教导，平常地做好每一件日常琐事，其中就有"禅心"，看似最简单实则最难。

受"照顾脚下"的启发，日本现代设计提出了一种"常用设计"理念，英文为"long life design"，有生生不息的意思。这种"常用设计"理念认为，人们的生活是由具体的生活细节构成的，设计要传递的信息，不仅是通过强烈的视觉冲击来吸引人们的目光，还应该渗透到人的生活中去，成为人们生活习惯的一部分。它认为，向前创新设计是一种创造，能退回到生活原点重新出发更是一种创造。因此，"常用设计"理念提倡设计要回到生活的原点，重新审视人们的生活方式和周遭事物，以最平易近人的方式来探讨设计在生活中的本质和内涵。

关于这一方面，可以结合日本产品设计师坪井浩尚的设计作品来具体理解。坪井浩尚擅长将日用品的缺点转换为优点，给日用品一个全新的解释。坪井浩尚的作品涉及家电产品、玩具、日用品等多个领域，大多以黑白灰或透明色为主要色调，其设计的产品简洁自然，禅意空灵，饱含着对生活细腻入微的观察，以及充满禅意的东方美学，散发出富有禅意的精妙巧思，让使用者感受到设计中的细节与美好。

坪井浩尚最具有代表性的作品当属樱花底座的玻璃水杯——樱花杯（图3-11）。其设计灵感来源于坪井浩尚喝水时，偶然发现的杯底留下的水痕。于是坪井浩尚开始把水痕作为一种生活中真实存在的视觉信息来进行思考，试图对杯底进行再设计。樱花杯的形状从顶部的圆形慢慢过渡到底部樱花的形状，空气和玻璃之间的温度差异造成玻璃杯的结露现象，杯子的曲线使冷饮凝结的水珠沿杯身缓缓滑到底部，最终形成樱花形状的水印。杯底部分的曲线使得光线经过杯子的折射之后，杯中之物更加清澈透明。杯子被拿走之后，会留下樱花般的水痕，每次喝水后，桌面便会留下一串动人的樱花水印。

如此沉稳、极致的细节追求，是坪井浩尚对"常用设计"理念的一种阐释，也是他对佛学禅宗虔诚参悟后所获的敏感觉察力。东方哲学中的水，寓意着无尽的智慧和可能，当它与具有象征意味的樱花结合在一起时，这种稍纵即逝的美丽触动了坪井浩尚心中最温婉的那道情结。生活中的美好就沁透在这平凡生活的点滴中。坪井浩尚凭借着内心的宁静，不断超越于日常生活之上，他给予我们的不单是视觉的飨宴，更多的则是一种久违的感动。

雨伞作为一件与人类生活密切相关的产品，早在历史的传承中就形成了趋于稳定的产品结构。当基本功能问题被解决之后，人们往往开始转而追求形式的审美。市场上的大部分雨伞都只在色彩与图案方面构思翻新，功能的改善几乎不再是设计者们追寻的方向。可坪井浩尚设计的这把直立伞（图3-12），却对看似走到尽头的雨伞的稳定结构提出了一种新的可能。简单的三角支架的设计，赋予了传统雨伞一个稳定的着力点，使雨伞能够独自站立，不仅节省了雨伞的放置空间，更为我们的生活增添了趣味。

图 3-11　坪井浩尚设计的樱花杯

图 3-12　坪井浩尚设计的直立伞

坪井浩尚的作品耐人寻味，让人感受到设计中的细节与美好。品味坪井浩尚的设计就不得不体味"禅"的玄妙，那是一份不刻意的、自然而然的韵味（图 3-13、图 3-14）。

图 3-13　坪井浩尚设计的双插口灯泡

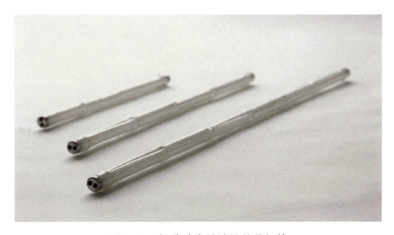

图 3-14　坪井浩尚设计的竹节灯管

产品设计与文化

吉冈德仁的设计极具东方哲思,其作品大量使用白色和透明材质(图3-15),因为白色在东方世界里,意味着精神、空间和思考。

图 3-15 吉冈德仁设计的腕表 "O"

字母"O"在法语中是"水"的意思。这款腕表设计得像轻盈流动的泉水一般晶莹剔透,既是腕表,又可作为饰品佩戴。

吉冈德仁的作品游走于艺术与设计之间,使用的设计材料和方式独特而自然。其常常采用朴素且平凡的材料来挑战日常生活中的常规,让设计变得非一般的个性化,散发出令人惊诧的艺术感觉(图3-16)。正如吉冈德仁曾说,"我想超越平庸,用简单的方式制造惊奇,我的目标是创造出别人从未做过的东西"。

吉冈德仁的作品具有典型的日本风格,体现出一种"雅"与"洁"的品质,也表现了设计者对一种澄明境界的追求。日本的传统美学、禅学与工艺技术完美地结合在他的作品里(图3-17、图3-18)。

从吉冈德仁的作品中,我们可以看出他对简约自然的强调,即简化并抽象物体以达到一种纯净的美。与纯粹的丹麦设计相比,吉冈德仁的设计显得更加前卫和清新;而与意大利设计相比,则多了一份腼腆和深沉(图3-19)。

第 3 章 | 日本文化之下的现代产品设计

图 3-16 吉冈德仁设计的椅子 Ami Ami

这款椅子是由聚碳酸酯材料制成，设计灵感来源于日本的机织物，"Ami Ami"是日式织造的意思。简单的方格条通过复杂的加工，将内外交错的编织纹理清晰展现。

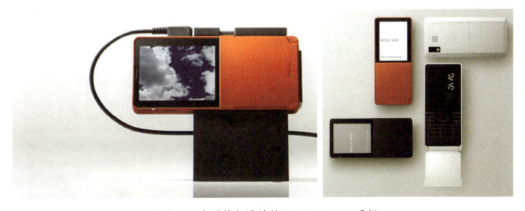

图 3-17 吉冈德仁设计的 MEDIA SKIN 手机

此款手机看上去就像是化妆品中的粉底盒。这是因为吉冈德仁在手机表面材料的选择上，运用了在粉底盒中使用的聚硅氧烷涂料，使手机的整体质感柔软如同肌肤。这款手机已经成为 KDDI 第四款被纽约现代美术馆收藏的手机。

产品设计与文化

图 3-18　吉冈德仁设计的椅子

从图中可以看到吉冈德仁简单自然的设计构思过程,以及对材料出乎意料的设计运用和设计制作方法。

第 3 章 | 日本文化之下的现代产品设计

 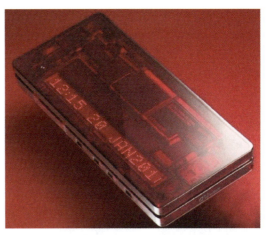

图 3-19 吉冈德仁设计的 X-RAY 手机

X-RAY 手机的外壳是以 X 射线般红色半透明材料制作的,可以看到手机内部的 IC 构造,加上 LED 灯显示的概念,使得整个手机充满了十足的工业感。

吉冈德仁喜欢自由的表现方式,喜欢呈现偶然发现的无拘束的美。就如他设计的"花束椅"(图 3-20),远看像一朵盛开的向日葵,充分表达了他亲近自然的理念。"自然中的生命总是在变化,面貌与性质的改变,让人时时感到新鲜,也许我们已习以为常,但这让我感到惊奇。"

图 3-20 吉冈德仁设计的花束椅

花束椅由 269 朵花瓣组成,花瓣由通过手工折叠缝制在一起的四方形面料组成,经过缝制,完全覆盖在蛋形座椅的内部表面,座身采用玻璃纤维制成,表面包裹着抗压能力强的高密度聚氨酯海绵及聚酯纤维,纤细的花茎则使用了铬合金。

产品设计与文化

吉冈德仁的设计还非常注重小的细节。吉冈德仁认为,"灵感在很多情况下都是来自生活中的细节,每一次不经意的构想往往都是成功的关键(图3-21)"。

图3-21 吉冈德仁设计的表"TO"

"TO"的表盘有3圈不锈钢金属圆盘,最外圈有12道均等的浅沟,具有隐喻时间的功能,里面的两圈分别配置了2枚加工精致的长短指针,使得手表具有一种"金属原始的美丽紧张感"。"TO"的反设计创意,打乱了人们通常的时间阅读习惯,将手表从单纯的"时间附属品"概念中解放出来,使之升华为拥有它的人的某种难忘的回忆。

日本著名产品设计师深泽直人,是主要产品为家用电器和日用杂物的"±0"品牌创始人。曾为多家知名公司诸如苹果、爱普生进行过品牌设计,其作品在欧洲和美国赢得过几十余项设计大奖。他的设计主张是:用最少的元素展示产品的全部功能。

深泽直人将自己的设计理念概括为"无意识设计"。"无意识设计"又称为"直觉设计",即"将无意识的行动转化为可见之物"。

好的设计必须以人为本,注重人的生活细节,符合人的生活习惯,通过设计让生活更美好(图3-22)。特别是在工业设计高度发达的今天,很多设计师力图否定约定俗成的设计,用自己的思想创造一种新的生活方式,这样就无形中加重了人们的"适应负担","无意识设计"并不是一种全新的设计,而是关注一些别人没有意识到的细节,把这些细节放大,注入原有的产品中,这种改变有时比创造一种新的产品更伟大。这与禅宗所追求的"心化自然""明心见性"有异曲同工之妙。这种设计理念折射出一种剔除错综复杂的事态表象,回归本真,追溯本质的思想,也就是"一即多"的禅学思想。

图 3-22　深泽直人设计的 CD 播放器和雨伞衣架

如图 3-23 中伞柄的设计，具有一种极其安静的美感，其造型极致简约，整体呈黑色，显得中庸自然，设计最精妙之处便是伞柄上方的凹槽了，设计师发现人们在拿伞的情况下，再拎其他的东西就很不方便了，而这个凹槽能方便人们将东西挂在伞柄上，只需拿着伞就可以了，这个小小的细节设计给人们带来了便利，体现了它的功能性，这样的"无意识设计"提倡的是简约的生活方式。深泽直人的设计作品在日常生活中没有使用界限，他无限拓展了产品的价值，以此来达到"永恒"的状态，人们喜欢他的设计作品也许就是能从中读出浓浓的禅意。

图 3-23　深泽直人设计的伞柄

日本的设计从20世纪50年代开始起步，以其特有的民族性格使自己的设计变得十分强大。其中有两个因素使他们的设计少走弯路：一个是少而精的简约风格；另一个是他们在生活中形成了以榻榻米为标准的模数体系，这令他们很快就接受了从德国引入的"模数"概念。此外，日本的设计还带有非常强烈的日本设计特色。

3.2.3 建筑设计方面

日本既有着与众不同的强烈的传统文化，又有着对外来文化强大的包容和吸收能力。因此，在建筑设计上，日本有着自身独特的建筑观。

这主要体现在：研究和提炼日本自身的民族特色，运用现代的手法来加以实现；追求深层的日本精神，并通过简单质朴的形式来呈现，这一点其实还是受"禅"文化思想的影响。

在实际创作中，日本的建筑师常常困扰于这些观念之中，试图寻找一种完美的结合方式。

在世界建筑发展的大潮中，日本的建筑无疑是令人瞩目的。作为经济、文化、科技三者结合的产物，日本当代建筑创造了建筑史上划时代的作品。

安藤忠雄开创了一套独特、崭新的建筑风格，以厚重混凝土以及简约的几何图案，构成既巧妙又丰富的设计效果。在30多年的时间里，创作了近150项国际著名的建筑作品和方案，获得了包括有建筑界"诺贝尔奖"之称的普利兹克奖等在内的一系列世界建筑大奖，成为当今最活跃、最具影响力之一的世界性建筑大师。

安藤忠雄认为构成建筑必须具备三个基本要素：一是可靠的材料，即真材实料，如水泥、木头等；二是正宗、完全的几何形式，这种形式为建筑提供基础和框架，使建筑展现于世人面前；三是借助"自然"的元素，这里所指的自然，并非泛指植栽化的概念，而是指被人工化的自然，或者说是建筑化的自然。安藤忠雄所追求的自然是由材料和以几何为基础的建筑体同时被导入所共同呈现的自然。

我们可以通过安藤忠雄著名的教堂三部曲"光之教堂""水之教堂"和"风之教堂"来理解他简洁自然且具人文气息的建筑理念。

（1）光之教堂

光之教堂是日本最著名的建筑之一，也是安藤忠雄的成名之作（图3-24）。

教堂本是西方的产物，但是经过安藤忠雄之手，便很好地融合了日本"禅"的元素。光之教堂的设计抽象简洁，没有传统教堂中标志性的尖塔，但内部空间却极富宗教意义，呈现出一种静寂的禅境之美。

 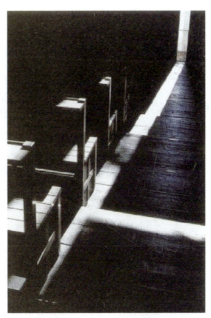

图 3-24　安藤忠雄设计的光之教堂

光之教堂的建筑布置是根据原有教堂的位置以及太阳方位来决定的。礼拜堂正面的混凝土墙壁上，留出十字形切口，在白天自然光的照射下，呈现出光的十字架。建筑内部尽可能减少了其他开口，使效果集中在十字"光"的表现上。坚实厚硬的清水混凝土，使得室内空间一片黑暗，进去的人瞬间感觉到与外界的隔绝，此时，阳光透过十字切口照射进来，构成了"上帝之光"，使空间显得神圣、纯净和震撼。室内的墙壁和家具也布置得简单朴素，保留了粗糙表面的质感，更凸显出自然的纯粹之感，让"光之十字架"更加神圣，使信徒们产生一种接近上帝的奇妙感觉。

安藤忠雄说："我很在意人人平等，在梵蒂冈，教堂是高高在上的，牧师站得比观众高，而我希望光之教堂中牧师与观众人人平等，在光之教堂中，台阶是往下走的，这样牧师站着时与坐着的观众一样高，以消除不平等的心理。如此，才是光之教堂的精华。"

（2）水之教堂

水之教堂位于日本北海道夕张山脉东北部群山环抱之中的一块平地上（图 3-25）。从每年的 12 月到来年 4 月，这里都覆盖着白雪，是一块美丽的白色的开阔地。安藤忠雄在这设计了一个 90 米 ×45 米（长 × 宽）的人工水池，并从周围的一条河中引来了水。水池的深度经过精心设计后，水面能微妙地表现出风的存在，哪怕只是一阵微小的风都能激起涟漪。水池的中央设计了一个十字架，用简单的线条分开了大地和天空、世俗和神明。

图 3-25　安藤忠雄设计的水之教堂

水之教堂全部由清水混凝土、玻璃、钢架材料构成。教堂面向水池的玻璃墙可以整个开启,将自然引入室内,整个空间中充溢着自然的光线,使人感受到宗教礼仪的肃穆。人们可以直接与自然接触,听到树叶的沙沙声、水流的声响和鸟儿的鸣唱。天籁之声使整个场所寂静而庄严。人们在与大自然的融合中,会更加宁静而真实地面对自我。天然景致的背景,一年四季随着时间的流逝而变幻,带有神秘的色彩。

(3) 风之教堂

风之教堂位于海拔800米的临海峭壁之上,从教堂内可以俯瞰大阪湾的大海景观。出于对地形的考虑,教堂被设计成"凹"字形,狭窄的楼梯,灰暗的走廊,半日式的园林(一面是矮墙,一面是浓密的灌木)。入口前的花园设计简洁自然,只有草坪和边缘处的树木,之后便是"风之长廊"的入口(图3-26)。

图3-26 安藤忠雄设计的风之教堂的"风之长廊"

"风之长廊"的连廊为直筒形,尽端通往峭壁和海,在尽头的右侧门,非常隐讳地连接着教堂的主厅,设计上采用了非常大气的连通手法。海风吹来,贯穿整个长廊,沁人心脾,这就是"风之教堂"命名的来由。

教堂的内部空间中,最值得注意的是引入光线的方法。落地窗通过分割,在被光线投射之后,形成了"十字之影"。"十字之影"虽从视觉角度来讲,还不够震撼有力,但从气氛上来说,"十字之影"营造了教堂自然幽静的空间氛围。

在风之教堂中,十字的表达降到了最低——十字之影,建筑内的空间设计在这里主要是为光影服务,连挂在圣坛前的十字架,也变成了象征性的摆设。宗教氛围被建筑的设计冲淡,整个建筑在此成了通灵的媒介。这样的建筑既没有偶像,也没有符号,却毫无理由地将人感动得无可名状(图3-27)。

图 3-27　安藤忠雄设计的风之教堂

安藤忠雄的这一系列教堂，是将自然界中的"光""风""水"等元素巧妙地纳入建筑空间，将人引入寂静的禅宗的自然境界，体现出对人与自然的尊重，在为现代人打造一片有灵魂的栖息之地的同时，也形成了一种可以在人的内心深处留下难忘记忆的空间体验。这种对于水与石、光与影的思考，无论是静态的或是动态的，在安藤忠雄看来，它们都是整体建筑中自然而鲜活的一部分。

3.2.4　服装设计方面

20世纪80年代，一些出色的日本时装设计大师开始从东方文化与哲学观念中探求全新的服装功能与形式之美，重新定义了时装新概念的基本要素，挑战了西方的美学观念，长时间地改变了时装模样。今天，他们坚持与西方主流背道而驰的新着装理念，不但在时装界站稳了脚，还反过来影响了西方设计师，更成为中国设计师学习的典范。

三宅一生的时装一直以无结构模式进行设计，摆脱了西方传统的造型模式，进行反思维创新，他运用掰开、揉碎、再组合的创作方式，形成令人惊奇的服装设计构造方法。这是一种基于东方制衣技术的创新模式，它根植于日本的民族观念、习俗和价值观，反映了日本式的关于自然与人文交流的哲学。同时，他的设计还具有宽泛、雍容的内涵。

三宅一生设计的服装看似无形，却疏而不散，深刻反映了他对自然和生活的禅性的理解。正是这种玄奥的东方文化，赋予了作品神奇的魅力，比如三宅一生的褶皱系列服装设计（图3-28）。

三宅一生设计的服装没有商业气息，充满着梦幻般的色彩。常让人联想起日本的传统服装，但这些服装形式在日本却是从未出现过的。

图 3-28　三宅一生设计的褶皱系列服装

三宅一生设计的服装（图 3-29），其实是为了呈现出服装在自然形态下的美感，以及布料在撕裂状态下呈现出的不受拘束的优雅灵气，这也是禅宗朴实自然美学观的一种体现。

图 3-29　三宅一生设计的服装

三宅一生曾说："流行在一定程度上，意味着平凡。"三宅一生的设计真实而回归本质，所有纷杂、缭乱的东西，被自觉地还原到一个永恒的生活起点来重新审视。他最新提出的"制作进行时"的设计概念，就是立足当下时代，关注最本质的、最能唤起人们情绪的那种东西，努力为那些活在当下的人，做出应该如何在这样的时代生活下去的答案。

"不离日用常行内，直造先天未画前。"一切的哲学与智慧，都是来自真实的生活，关注生活，立足当下，其实也就是回归自身，是在自身之中，才融合了"神圣"与"自然"，才隔开了过去与未来。"现在"其实就是不停推移的"无限"。

/ 3.3 / "极简"美学设计思想

日本自明治维新以来，在"文明与启蒙"的口号下，成功地吸收了西方的近代思想。其现代设计在吸收西方功能主义的同时，让以"侘寂"精神为基础的日本美学得以很好地传承，并作为日本产品设计的根基一直延续至今。直到20世纪60年代，日本的产品设计仍未能摆脱模仿西方产品的痕迹，但日本将技术研发集中到精密光学产品和音响设备领域，凭借新技术逐渐获得国际市场的认可。就这样，日本的现代设计从西方的质疑声中，在众多人的关注下稳步发展，其通过小巧精致的具有禅宗风格的产品形态，逐渐影响着我们的日常生活。

日本是一个面积很小的岛国，并且火山地震多发。这样的地理环境使人们产生了一种空寂的情感，与禅学中冷静和超脱的精神相吻合，形成了日本崇尚自然的生活态度。日本传统设计文化常常体现禅学的基本精神，其后茶道将禅学的精神实践于仪式之中，从而融入生活，形成了其宇宙观与美学系统。它们共同的特征是强调素朴的设计美学理念，这种设计原则是"所有事物和谐的价值"，主张"形式与功能的和谐统一"，要求以最少的物质元素去创造最丰富的精神世界。这种理念与现代设计中功能主义的"少就是多"的主张有着相似之处。

柳宗理，1915年出生于日本东京，被称为日本工业设计第一人，也是日本现代工业设计的奠基者。他毕业于东京艺术大学，曾深入日本的民间生活，走遍了日本各地，在民间工艺中发现了人类生活的根本和真正人性化的源泉，深深感受到传统和创造其实是在同一点上。

柳宗理的设计理念可分为四点：①美以致用，融合日本美学理念和民间工艺精神进行现代设计创作；②创造为本，设计的使命是创造出更为优越的产品，而不是模仿；③传统为师，好的设计应基于对传统的再创造；④不媚流俗，好的设计应敢于直面现实，经得起时间的考验，摒弃烦冗多余，迎接时尚与潮流的挑战。

柳宗理于1956年设计的蝴蝶椅（图3-30），让他受到国际瞩目，名声大噪。柳宗理利用了胶合板的弯曲技术,将两块相同形状的胶合板以两颗螺钉与一支横杆相对拼合,创造出像张开的蝴蝶翅膀般的优美形态。蝴蝶椅造型优美,像一只在扇动翅膀的蝴蝶,隐约可见日本传统建筑的影子。这把椅子依托于现代制造工艺,融合了地域的美学意蕴及现代设计的简约舒适,经典得益于此。其简单的构造与流畅的线条是日本传统的美学意识与现代西洋元素的融合,也是功能主义与传统手工艺的一种结合,由此诞生了一系列适应新时代生活理念的产品。

图 3-30　柳宗理设计的蝴蝶椅

柳宗理的另一经典之作——象椅(图 3-31),采取 FRP 材质进行亮面处理,简约又具有优雅曲面的漂亮外观,集结了理性与感性,兼具了东西方并蓄的美学特质。

图 3-31　柳宗理设计的象椅

柳宗理设计了许多厨房内与餐桌上使用的锅碗瓢盆（图3-32、图3-33），崇尚民艺运动的他认为，日常生活的美学即是从生活器物开始的。虽然这些线条极简的生活道具，看似不是什么厉害的设计，但却蕴含了匠人的手工精神，十分符合柳宗理所提倡的"用之美"哲学。每件器具的弧度、深度与尺寸，皆经过他亲手调整与计算而成，并依据不同用途在外形上有些微差异，不仅使材质的特性在使用上发挥最佳效益，外形也有着一致性的极简美感。

图 3-32　柳宗理设计的铸铁锅与烧水壶

图 3-33　柳宗理设计的叉勺、咖啡杯和酱油瓶

柳宗理把设计带入我们的日常生活，小小的生活用品却充满了大智慧。在其60多年的设计生涯中，总是在人与日常器物之间不停质问制造的价值，并悉心探索生活器物的手作温度。他留给这个世界的，不仅是作品本身，更是其后所包含的"大道至简，平淡为归"的设计精神与哲学。

日本设计强调与大自然的和谐以及对自然材质的珍惜与爱护，以简约的形式发挥材料的本质，既体现了"极简主义"美学观，又体现了纯粹之美。

设计评论家厄尔认为日本设计风格可以总结为两大类：一类是色彩丰富的、装饰的、华贵的、创造的；另一类是单色的、直线的、修饰的、单纯与简朴的（极简）。日本设计外在表象上的简洁，实则有着更深层面的成因。除日本民族性格特点中本身的内敛与孤寂之外，受禅宗思想的影响，日本的设计追求用最简单的形式表达最丰富的思想。禅宗观点认为，世间万物皆为佛法本心的幻化，如要摒弃对外在表象的执着，"彻底见到事物之本来面貌"，就必须尽可能简化表象层。表现在艺术设计中，就是我们看到的极简主义。

/ 思考与练习

1. 简述如何理解日本设计中"简单、质朴、本质"的设计思想，并用具体的设计作品进行说明。

2. 请收集资料，理解史蒂夫·乔布斯的"禅"学思想对苹果品牌产品设计理念形成的影响。

第 4 章
/ 北欧文化之下的产品设计

/ 知识体系图

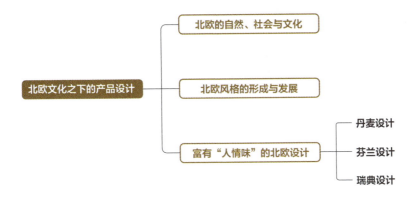

/ 学习目标

知识目标

1. 掌握北欧自然、社会、文化以及设计之间的关系。
2. 掌握北欧设计的发展流程和北欧风格的特点。
3. 了解北欧风格的形成原因与发展以及北欧文化影响下的北欧设计与中国设计的异同。

技能目标

1. 能够分析北欧设计与中国设计的特性,分辨不同文化对设计的渗透作用。
2. 能够进行创造性的文化产品创意设计。

/ 引例

> **宜家（IKEA）——出货量一年 10 亿件的北欧家居品牌**
>
> 　　这个每年在中国市场创造近 200 亿欧元零售额的瑞典家居品牌——宜家，你听说过吗？宜家的产品以物美价廉著称，它体现出的功能主义设计美学得益于北欧设计文化，并代表了超越传统的设计实践与社会结构。宜家的口号是"为每个人而设计""民主设计"，这也正是北欧文化的体现。
>
> 　　北欧（Northern Europe），意为欧洲的北部，是丹麦、挪威、瑞典、芬兰和冰岛，及其附属领土法罗群岛、格陵兰岛、奥兰群岛和斯瓦尔巴群岛的统称。第一次世界大战后，"斯堪的纳维亚"被广泛应用于北欧五国的总称。

/ 4.1 / 北欧的自然、社会与文化

　　北欧在一万年前才摆脱冰川和大海，在地理上是欧洲最年轻的地域，有繁茂的温带落叶阔叶林、广阔的苔原和草原、千湖美景和峡湾海岸、雄奇的斯堪的纳维亚山脉，以及梦幻般的冰川和极光。受北大西洋暖流、挪威暖流及西来气旋的影响，北欧地区夏季温和而短促，冬季寒冷而漫长，属寒温带气候。

　　北欧人的祖先最初来自日耳曼，公元初期，芬兰乌戈尔人也定居到了这片土地上，成为今天活跃在北欧土地上的人们的祖先，在史籍中古代斯堪的纳维亚人一般被称为"维京人"。二战后，北欧跻身世界经济发达国家之列，开始建立福利制度，逐步形成了完备、优厚的社会保障制度，例如教育资助、免费医疗、失业救济、残障人士救助、单亲服务津贴、家庭和儿童保护等方面，可以说北欧人从出生到死亡都可接受政府给予的基本保障。这般优渥的自然环境和社会环境造就了北欧人与自然和谐相处的生态观，平实简朴的生活哲学，以及主张人文关怀和人情味的北欧文化模式。

（1）丹麦

　　"童话王国"丹麦（丹麦语为 Danmark）是距离欧洲大陆最近的斯堪的纳维亚国家，其名字的前半部分"Dan"被认为是从一个意为"平坦之地（flat land）"的词演化而来的；而名字的后半段"mark"意为"森林之地（woodland）/边境之地（borderland）"。现代的丹麦主要由日德兰半岛、西兰岛以及菲英岛组成，经济高度发

达，贫富差距小，人类发展指数（HDI）❶以 0.940（2020 年）高居世界第十，属于高福利国家，常年被评为全球最幸福的国家之一。首都哥本哈根号称"环保之都"，城市重视无污染能源的利用，大家都自觉选择自行车为主要交通工具，城区有 350 多公里的自行车专用道路。

哥本哈根整个城市就像是一座艺术品，充斥着古典建筑、雕塑、画像，尽可能将自身历史文化风貌完整地保存下来，例如阿美琳堡宫、议会所在地克里斯蒂安堡宫、玫瑰堡宫、腓特烈大教堂（图 4-1）、小美人鱼雕像、新港等，整座城市就是丹麦的一张名片，完美地诠释了丹麦的历史与文化。

图 4-1　腓特烈大教堂

丹麦人属于维京人的后代，船舶（图 4-2）是其重要工具，维京人的船舶造型精致，结构坚固，吃水浅，速度快。同时，维京人认为龙头可以驱逐海怪，一般用金属、木材等雕刻龙首来装饰船头和船尾，造型上以写实手法来突出龙的威猛神勇。后来的艺术家、设计师也再次将龙的精神融入了家具、餐具、建筑等作品中，维京船和武器也成为后来的爱尔兰船和武器设计的基础。

（2）挪威

被称为"万岛之国"的挪威（英文为 Norway，挪威文为 Norge），其名字来源于古挪威文 norðrvegr，意为"通往北方之路"（northern way or way leading to the north）。其东邻瑞典，南邻丹麦，部分国土与芬兰、俄罗斯接壤，首都位于奥斯陆（Oslo）。挪威的人口密度低（15.5 人/平方公里，位居全球第 209 位），但生活质量位居

---

❶ HDI：Human Development Index 是由联合国开发计划署（UNDP）在《1990 年人文发展报告》中提出的，用以衡量联合国各成员国的经济社会发展水平，是对传统的 GNP 指标挑战的结果。

全球前列，其人类发展指数（HDI）为 0.957（2020 年），常年高居榜首。挪威实行全民免费医保，父母可享有 46 周的带薪育婴假，采取的是平等主义的价值观，社会阶层收入差距小。地处斯堪的纳维亚半岛西部的挪威，国土南北狭长，有很悠久的水上交通历史和著名的挪威峡湾，海岸线漫长曲折，人们从捕鱼、航海的生活中养成了心胸开阔、上进积极、热爱大自然的性情。

图 4-2　维京船

语言是文化的载体和重要表现形式。挪威语与丹麦语、瑞典语同属斯堪的纳维亚语言（Scandinavian languages），其中挪威语与丹麦语在书写上几乎完全相同，只是发音上有所区别。挪威人与丹麦人一样，也是维京人的后裔，比格半岛上建有奥斯陆的维京海盗船博物馆。

（3）瑞典

瑞典是位于斯堪的纳维亚半岛的国家，西邻挪威，东北与芬兰接壤，西南濒临斯卡格拉克海峡和卡特加特海峡，东边为波罗的海与波的尼亚湾，总面积约 45 万平方公里，是北欧最大的国家，森林面积约占国土的二分之一，加之拥有适合漂浮木材的密集河流与湖泊网，水上运输业十分发达。斯德哥尔摩市有 64 座博物馆，85 座图书馆，26 家剧院，北欧博物馆是瑞典最大的历史文化博物馆，馆藏物品 150 多万件。

被誉为"世界最长艺术长廊"的斯德哥尔摩地铁站（图 4-3），每个站台都有艺术装饰，艺术风格清新、自然，每个站台都是一个不同的景点。

图 4-3　斯德哥尔摩地铁站

（4）芬兰

芬兰号称"千湖之国"（图 4-4），境内有 188000 个湖（大于 500 平方米）以及 179000 座岛（数据来源：Statistics Finland）。芬兰的森林覆盖率达 77%，居欧洲首位。平缓的地形和长期从事精耕细作造就了芬兰人崇尚勤劳笃实、不避艰辛的精神。

图 4-4　芬兰湖岛风光

电子产业、林业和造纸业是芬兰经济的重要收入来源，曾称霸手机领域的诺基亚（Nokia）品牌就来源于芬兰；全球最大的造纸企业，如奥斯龙、芬琳纸业都位于芬兰；"愤怒的小鸟"IP 是芬兰的 Rovio 公司制作的游戏，于 2009 年一经推出便风靡全球。

芬兰还非常注重保护民族文化和普及教育，首都赫尔辛基市有63座博物馆、57座图书馆和10多家音乐厅、歌剧厅，这些博物馆、图书馆、音乐厅大多免费向公众开放，它们承担着保护民族文化遗产，传播当代杰出文化和普及文化艺术知识的重任，后世的艺术作品中饱含着英雄史诗的力量，且芬兰所有层次的教育支出都由政府承担，33%的芬兰居民接受过高等教育，国民享有极高标准的生活品质，居民整体素质高，城市艺术与文化氛围浓厚。

（5）冰岛

冰岛（英文为Republic of Iceland，冰岛文为Ísland）地处北大西洋，是一个岛国，也是地球上最靠近北极的国家。国土面积102775平方公里（数据来源：Ríkisútvarpið），人口密度稳居世界倒数十名，冰岛没有军队，但拥有低犯罪率和稳定的政治社会体系，依据全球和平指数（Global Peace Index）被评为世界上最和平的国家（数据来源：Institute for Economics and Peace）。与其他北欧国家相同，冰岛属于典型的高福利国家，医疗、高等教育全部免费，但与其他北欧国家不同的是，冰岛有着相对较低的税率，是全球贫富差距最小的国家之一，但冰岛人均受教育程度并不出众，不但低于北欧国家的平均水平，甚至低于经合组织（OECD）国家的平均水平。在2015年的数据中，年龄介于25～64岁的冰岛人，仅有64%接受过高中程度的教育（低于OECD国家73%的平均水平），而年龄介于25～34岁年轻一代的冰岛人，也仅有69%接受过高中程度的教育（远低于OECD国家80%的平均水平）（数据来源：OECD Better Life Index）。冰岛全国大约85%的能源来自国内生产的可再生资源。

冰岛语是一种北日耳曼语，源于古斯堪的那维亚语，与法罗语以及挪威西部的方言十分相近。冰岛文化建立在斯堪的纳维亚文化的基础上，大多数冰岛人也都是日耳曼人以及凯尔特人的后裔。在北欧文学史中，"反映欧洲氏族社会末期生活的文学以冰岛最为丰富"。和《萨迦》齐名的冰岛史诗——《埃达》（图4-5），是中古时期流传下来的最重要的北欧文学经典，埃达意为"神的启示"或"运用智慧"，内容主要是英雄故事和家族传奇，是古希腊、罗马以外的西方神话的源头之一。

第1章中曾提到，离开了自然，人就不能生存，文化就不能存在。远离欧洲中心的北欧天寒地冻，资源匮乏，但人民天性乐观、享受生活，重视经济实用性，轻视浮夸举止和对物质成就的炫耀，民主的社会造就了平实简朴、主张人文关怀和人情味的文化模式，北欧文化既是历史长期积淀下来的、对民族文化认同的价值观，也是人与自然关系的产物。

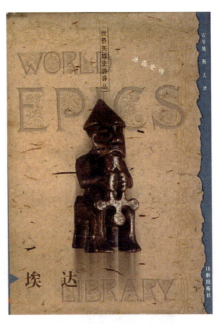

图 4-5　冰岛史诗《埃达》(左为古手抄本，右为中译本)

/ 4.2 / 北欧风格的形成与发展

北欧风格，因地理位置又名"斯堪的纳维亚风格"，主要指瑞典、丹麦、芬兰、挪威等国的设计风格（主要包括室内设计及工业产品设计）。北欧风格在世界史上独树一帜并且占有很重要的地位，其经典的创意已成为现代设计的楷模，其是在北欧特定的历史过程中发展成熟起来的，是北欧社会的文化现象，也是根植于北欧社会历史情境中的有机发展过程。

北欧五国地处"欧洲之冠"，气候寒冷，除了森林资源外其他资源相对贫乏，与外界相对隔离。一战前，北欧诸国有着共同的生活方式，以质朴平实的农耕文化为主，英国式的工业革命一直没有在这些国家出现，因此向工业化转变的过程相当平缓，在这样的历史背景下，传统手工艺一直是社会主流。从 19 世纪中叶起，手工艺行会体制逐渐崩溃，北欧五国建立了众多机构来抵制外来的低劣商品的侵蚀。如 1854 年成立的瑞典公益协会，就致力于维护瑞典手工艺生产的高标准。19 世纪后半叶，北欧国家仍以农业为主，设计运动在以手工艺为基础的传统工业中兴起，各国都在努力复兴本民族的语言和文化传统，民族浪漫主义盛行，北欧设计明显地呈现出维京艺术复兴的现象，维京海盗船的"龙"饰（图 4-6）、"萨迦"（Saga）❶等成为当时艺术创作的灵感来源，设计师汲取了设

---

❶ 萨迦：一种北欧故事文体。

计语言和符号元素，将其体现在建筑、家具、服装等各类设计作品中。不少企业聘请艺术家进行产品设计，如瑞典的古斯塔夫格和丹麦的皇家哥本哈根等陶瓷工厂都由艺术家主持工作，他们的设计受到流行的新艺术风格的影响。19世纪末，斯堪的纳维亚地区除冰岛地理位置偏远外，其余四国接受了英国的"艺术与工艺运动"和风靡全欧的"新艺术运动"，开始了具有自己特点的设计运动。

图 4-6　维京海盗船的"龙"饰

20世纪初，在1900年4月的巴黎万国博览会上，具有逻辑清晰、富有条理和善于自制等理性魅力的北欧设计开始引起人们注意，展品中芬兰设计师阿克塞利·高伦-卡莱拉的染织作品"火焰"表现不俗，体现了当时的芬兰从民族传统工艺 Ryijy❶ 中发展出了现代芬兰染织艺术。20世纪20年代，现代主义设计盛行，其核心是功能主义，主张"形式追随功能"，芬兰出现了最早的现代设计大师，伊利尔·沙里宁和阿尔瓦·阿尔托是两位世界现代设计的先驱人物。丹麦相比瑞典较晚进入现代主义，丹麦的玻璃制品和陶瓷制品的设计兼具现代简单明快和传统恬静朴素的特征，是现代功能主义与传统风格的巧妙结合，凯尔·克兰特等先驱性手工艺人、设计师大量采用榉木、柚木等天然材料，非常重视家具的样式，把高质量手工制作家具的传统和功能主义相结合，在传统手工艺的基础上简化、创新，追求软化的功能主义（也称"人文功能主义"），充满人情味的现代美学，同时积极探索将传统生产方式与美学上的革新相结合。在1925年的巴黎世界博览会中，丹麦设计师保罗·汉宁森设计的多片灯罩灯具（图4-7左）不

---

❶ Ryijy：被认为是芬兰古老设计文化传统的核心，在瑞典被称作 rga，是两种主要民间染织中的一种，具有独特的制作技术与装饰风格。

仅摘得金牌，且被认为是该届博览会上可与勒·柯布西耶"新精神馆"齐名的唯一优秀作品，这种灯具之后发展出一系列以设计师名字首字母命名的"PH"灯，销量至今不衰。

图 4-7　多片灯罩灯具（左）和"PH"系列最著名的 PH-5 灯具（右）

1958 年，PH-5 是最为人熟知的"PH"系列灯（图 4-7 右），因最大直径 50 厘米而得名，其造型简洁优雅，注重形式美感，不依赖装饰，是对传统的继承和发扬。该系列灯具的设计从科学的角度，使光线通过层层的灯罩反射形成了柔和均匀的光线效果（所有光线必须经过一次以上的反射才能到达工作面），从而有效消除了一般灯具固有的阴影，并对白炽灯光谱进行了有益的补偿，以创造更适宜的光色。而且，灯罩的阻隔在客观上避免了光源的眩光对眼睛的刺激。经过分散的光源缓解了对黑暗背景的过度反差，有利于视觉的舒适，在这里，科学自觉充当了诠释"以人为本"设计思想的渠道。"PH"系列灯成为丹麦设计"没有时间限制的风格"的最好诠释，也是北欧风格的代表作品。

而在 1930 年的斯德哥尔摩博览会上，北欧设计将德国严谨的功能主义与本土手工艺传统中的人文主义融合在一起，标志着功能主义在北欧设计领域的一次突破，这次展览是瑞典工艺协会主办的，瑞典的设计师展出了一批包豪斯风格的产品，引起广泛讨论，它成了现代主义的国际性广告，标准化、合理化和实用性被应用到建筑中，强调居住建筑和装修，这种在设计上追求"HYGGE"❶的趋势也促进了北欧室内设计（图 4-8）、陶瓷、木质家具、纺织品的兴盛，一系列柔和温暖色调的产品进入大众视野。

---

❶ HYGGE：丹麦语，大致意思为舒适且令人满意的感觉或环境，象征着北欧人享受生活的态度和幸福感。

产品设计与文化

图 4-8　柔和温暖的北欧室内设计

20世纪30年代是北欧设计走向国际的时代,其风格是传统手工艺与现代工业相结合,民族特色、地域特色与国际主义相统一,是设计领域的典范,其独特的设计特征和近乎完美的设计作品,对以后的设计起到了深远的影响,因此北欧设计也成了"优雅设计"的代名词。但二战的战火在1939年冬天烧到了北欧,当其他国家无暇顾及其他时,瑞典坚守中立,不仅参加了"米兰三年展",还在1939年的纽约国际博览会上确定了"瑞典现代风格"作为一种国际性概念的地位。20世纪40年代的瑞典已经实施了福利国家型的社会民主主义体制,具有民主思想的新设计和功能主义、平民风格开始普及流行。

二战后百废待兴,国际设计呈现出同质化、中性的"国际主义"风格,而20世纪50年代的北欧设计自成一派,因其精心设计、制作优良大受欢迎,开始走进西方消费者的视野。两次世界大战造成了世界性的经济大萧条,饱经战乱的人们对生活的观念发生了改变,北欧五国作为充满全民意识的福利国家影响了北欧设计,强调以人为本的北欧设计开始思考设计的社会意义,为公众的日常生活而设计、民主设计、人文功能主义等设计理念成为主流,期望为大众服务,追求更美的日常生活用品,形成了一套自上而下的整体统一而又特色鲜明的设计风格,产生了新的飞跃。北欧设计中这种美的日常生活用品为公众所共有,强调精心设计批量化产品,以精良的制作来生产物美价廉的产品,如瑞典的金属制品厂商一方面提高批量化生产的质量,同时也采用新的不锈钢材料代替传统的贵金属——白银,为大众生产了高质量的金属器皿。通过这样的努力,北欧设计师创造出了一种与新材料、新技术相结合的新的物质文化,北欧设计逐步被公认为一种典范设计。

在美国艺术基金会的赞助下,美国《美丽之家》杂志的主编伊丽莎白·戈登策划了斯堪的纳维亚设计展,这个展览自 1954 年至 1957 年间在北美 22 个城市的主要博物馆巡回展出,向世人展示了从家居用品、陶瓷与玻璃器皿,到银器、纺织品等各类简约典雅、手工精湛、舒适耐用的产品。这些产品在具有强烈现代感的同时又有民族传统设计与自然材料和有机形态所带来的人情味,充分展示了北欧设计的实力与个性,使北欧设计从此在国际社会中深入人心。丹麦设计师汉斯·瓦格纳从中国明代圈椅中吸取灵感,其 1949 年设计的"圈椅"也曾在巡回展中被展出,后于 1960 年成为美国总统竞选辩论赛上的座椅,俗称"肯尼迪椅"(图 4-9)。

图 4-9　肯尼迪椅

斯堪的纳维亚设计展向人们展示的除了产品,还有北欧文化中简约且有机的自然主义、充满人情味的生活主义、包容与关怀的人文主义,以及绿色设计、环保设计、可持续发展设计的理念。

如果说 20 世纪 70 年代以前的北欧设计更多地表现的是北欧设计的共性,那么 80 年代后,北欧设计师更注重个性的发展,北欧设计也呈现出更多元化的面貌。如瑞典的宜家公司,1955 年就开始设计自己的家具,随着时代发展,不断综合北欧设计的崇尚自然、有机形式、民族风格等特点,加上大批量的生产方式,采用推广生活模式而非产品本身的营销方式,在全球化拓展业务的征途上取得了成功,一跃成为全球最大家居企业,产品目录更是室内设计和装潢必备指南。

总的来说，北欧设计的兴起是一个持续的过程，受民族浪漫主义运动、新艺术运动和现代设计中的功能主义的影响，北欧设计以其深厚的工艺传统为根本，始终将美的品质注入大众化的产品中去，将北欧文化的民主精神注入日常生活领域，对浪漫与理性、精致与平凡、功能与形式、材质与情感等设计中的种种元素，进行了深刻而富有感染力的演绎，从而凸显北欧设计风格特征的全貌。

北欧设计界极力推行有代表意义的民主设计，体现出历史悠久的北欧民族传统，它将与自然相协调的传统设计思想和人文功能主义有机地结合起来，为北欧设计注入了新的旺盛活力；同时它亦重视地域特征及民族工艺传统，为北欧各国设计个性的形成提供了必不可少的要素。在北欧诸国政府的大力支持下，经过几代设计师的不懈奋斗，北欧设计成功地实现了"大众文化的美"的设计宗旨，终于建成了一个意义深远，影响世界的设计风格流派。

北欧风格与追求商业价值且更偏向形式主义的艺术装饰风格、流线型风格不同，它是对在特定的北欧文化背景下设计态度的一贯体现。北欧诸国间的设计有些许差异，但共性是都体现了北欧国家多样化的文化、政治、语言、传统的融合，以及对形式和装饰的克制，对传统的尊重，形式与功能的相对统一，对自然材料的欣赏等。北欧风格是一种现代风格，它将现代主义设计思想与传统的设计文化相结合，既注重产品的实用功能，又强调设计中的人文因素，避免过于刻板和严酷的几何形式，从而产生了一种富有"人情味"的现代美学。

/ 4.3 / 富有"人情味"的北欧设计

富有"人情味"的北欧设计的独特体现在面临外来现代设计影响时，对自己优秀民族工艺传统继承和发扬的态度等方面，其始终关注公众的日常生活，力图以优质设计来满足大众日常所需，讲究以人为本的设计内容，众多优秀的北欧设计师以设计作品为艺术和生活之间搭建了桥梁。北欧设计包含陶瓷、玻璃、灯具、家具及室内设计等方面，比较突出的国家有丹麦、芬兰和瑞典。

4.3.1 丹麦设计

丹麦的家具设计无论是当代的还是传统的，都略胜一筹，在全球成绩斐然，设计师也是声名鹊起。凯尔·柯林特是丹麦现代设计的开山鼻祖，也是一位早期关注标准化、模数结构和实际功能要求，而不是自我风格表达的设计师，他十分尊重材料本身的特点和手工艺传统，并善于吸收不同文化和不同历史阶段的精华。柯林特擅长采用不上油漆的暖色木材，不着色的皮革和素色织物，创造出一种接近自然的设计语言，成为北欧设计的重要特点。他设计的由桃花心木和皮革制成的红椅（图4-10），在1929年巴塞罗那博览会上获得成功。

图4-10　红椅（1927）

柯林特在20世纪30年代设计的折叠躺椅（图4-11），可以说是北欧设计中的经典作品。可折叠的椅子在当时并不算创新，古代维京人就已经能够制造出折叠椅，但柯林特在1933年发布的一款折叠躺椅使用了柚木，十分轻巧，方便椅子的搬运和活动。巧妙的结构设计和黄铜部件使得椅子的折叠流畅度在冬天也能有不错的表现。当折叠架和搁脚同时收回至座位下方，坐垫就可以折叠起来变成一块，坐垫的厚度也控制得很好，这样无论是坐着还是躺着，使用起来都足够舒适。直到今天，这款椅子的外观也没有特别大的变化。

图4-11　折叠躺椅

丹麦国宝级设计大师阿纳·雅各布森对于北欧设计有机功能主义的发展具有举足轻重的影响。他的设计一方面具有强烈的现代主义特色，另一方面也显示出对民族、民间、天然材质和有机形式的重视。1951～1952年，雅各布森为Novo公司设计了蚁椅（图4-12），这件著名的仿生设计是他的代表作之一。

蚁椅的设计是把热压胶合板固定在三条镀铬的管状钢腿上，椅腿在接触地面的部分各有一个橡胶帽，是最早的胶合板椅子系列之一，也是丹麦第一件能完全用工业化方式批量制作的家具，它只有两部分，构造极为经济，使用的材料也最少。就其造型来说，曲线流畅的上半部，"臀部"形下半部，中间变窄而形成纤细的腰部，这些特征引出了它的名字。

图4-12　蚁椅

1956～1960年，雅各布森为斯堪的纳维亚航空公司（SAS）设计了皇家酒店，其中就包括了北欧经典设计中的蛋椅、天鹅椅、水滴椅（图4-13）。

蛋椅是从埃罗·沙里宁的作品子宫椅中得到灵感，扶手和椅背形成流畅的线条，远看像是一颗鸡蛋。由于其独特的造型，特别适合休息和等待，一经推出就成为丹麦家具设计的样本，风靡世界。天鹅椅通常采用进口真皮或布以及抛光铝脚作为外部材料，内部材料则由玻璃钢与海绵组成，可以360度旋转，整个设计极富艺术感，外观宛如天鹅张开翅膀，形态自由流畅，非常具有灵性。水滴椅也被叫作尖角椅，原始设计采用了玻璃纤维材质，椅背和椅面为羊毛绒布或皮革，坐垫为一次性成型海绵，椅腿为不锈钢材质，椅子背部弧度饱满，坐感舒适，符合人体工程学，造型外柔内刚，灵动优雅。

第 4 章 | 北欧文化之下的产品设计

图 4-13　左至右依次为蛋椅、天鹅椅、水滴椅

丹麦家具设计师汉斯·瓦格纳被称为 20 世纪最伟大的家具设计师之一，他曾说"很多外国人问我们怎样创造了丹麦风格，我说，这是不断提纯的连续进程，简洁对我来说就是剔除到最基本的元素：四条腿，一个座位，椅圈和扶手。"瓦格纳一生中创作了超过 500 件椅类作品，98% 的单品都与木材相关，他是木工出身，早年潜心研究中国家具，并对家具的材料、结构和工艺都有着深入了解。

瓦格纳在 30 岁时设计了首款"中国椅"（图 4-14），经过不断打磨，这款椅子不仅在丹麦和北美市场上大获成功，也把中国明式家具推向了世界。

图 4-14　明代圈椅（左）与瓦格纳设计的"中国椅"（右）

1953年，瓦格纳跟设计师朋友谈到睡觉时折叠衣服的麻烦，人们的生活习惯是更喜欢将衣物随手放在椅子上，经典的侍从椅（图4-15）由此诞生。侍从椅的椅腿从4条腿减到3条，更轻巧，椅背可以挂外套，椅座拉起后可以吊挂长裤，椅座下方还隐藏了一个可以置物的三角形小盒子。在兼具多功能的基础上，造型也十分简洁挺拔，优美灵动。瓦格纳的家具设计注重手工工艺，以当地自然材料橡木、山毛榉木为主，造型保持了丹麦设计中华贵、矜持的设计风格。

图4-15　侍从椅

维尔纳·潘顿被视为20世纪丹麦最重要的家具设计师、工业产品设计师和室内设计师。潘顿一生中最大的成就是1960年设计的"潘顿椅"（图4-16左），这把以塑料一次

图4-16　潘顿椅（左）和"Flowerpot"灯（右）

性压模成形的 S 形单体悬臂椅在当时具有划时代的意义，造型的曲线一气呵成，具有强烈的雕塑感，色彩艳丽，时尚大气，业界称其为"美人椅"。潘顿的另一设计，寓意爱与和平的"Flowerpot"灯（图 4-16 右），诞生在美国反战运动（Flower Power）风行的年代，两个半圆的球体既像是花盆中的花苞，又像是等待变革的天体，用简单的几何形体准确地捕捉到了时代思潮。"事实上，它表面上的单纯却结晶于深邃的思想、仔细的计划和巨大的艺术智慧。"

外界评论家对丹麦家具设计评价说："丹麦设计排斥夸张和过度的装饰形式，这种力图恢复错综复杂社会里的'人性'的努力，可能就是所谓的'北欧良知'吧。"

4.3.2 芬兰设计

芬兰与其他几个北欧国家有着不同的历史背景和文化差异，设计师努力在艺术美和大众口味间找到平衡，家居设计、玻璃设计、染织设计异彩纷呈。芬兰设计师追求将大自然的灵性融入室内，使其拥有一种源自自然的艺术智慧与灵感。

芬兰建筑师和家具设计师阿尔瓦·阿尔托是世界现代建筑和设计的奠基人，他主张在设计中体现"民族化"和"人情化"，在设计中贯彻文脉主义理念[1]。维普里市立图书馆（图 4-17 左）是他的代表作之一，他的设计思想曾受北欧新古典主义的影响，但他也是第一个突破德国、俄国、荷兰现代主义的刻板模式，走出自己风格的大师，他的作品并不是旧形式的再现，而是应用当地自然材料，结合现代工业精神与波罗的海地区的民族传统进行创新。

图 4-17 维普里市立图书馆（左）和甘蓝叶花瓶（右）

---

[1] 文脉一词最早来源于语言学定义，是用来表达所写的语言的内在联系，建筑家斯特恩将文脉主义定义为"追求新建筑亲昵于环境，不管是自然环境还是人工环境，强调个性建筑是群体的一部分，同时还使建筑成为建筑史的注释"。

阿尔托一生都在寻求现代世界与自然的协调，而不是简单地创造一个非人格化的、非人情味的人造环境。他为赫尔辛基市的Savoy餐厅设计的经典花瓶"甘蓝叶"（图4-17右），其优美的曲线宛如芬兰湖泊的造型，随意而有机的曲线轮廓完全打破了传统对称玻璃器皿的设计标准。

阿尔托以用工业化生产方法来制造低成本但设计精良的家具而著称，最为人熟知的还有Arm Chair 4，也叫Paimio Chair（图4-18），是他为1932年的Paimio疗养院设计的扶手椅。20世纪30年代，阿尔托创立了"可弯曲木材"技术，将桦树巧妙地模压成流畅的曲线，利用薄而坚硬但又能热弯成型的胶合板来生产轻巧、舒适、紧凑的现代家具。轻巧而实用、没有尖锐的角使Paimio Chair成为阿尔托最具代表性的一件作品，该设计充分利用了材料的特点，既优美雅致又毫不牺牲其舒适性，并将传统风格与简约、有机形态进行结合。这一革命性创作为现代椅子设计建立了一个新的标准。

图4-18　Paimio Chair

4.3.3　瑞典设计

瑞典设计在坚持现代主义设计艺术原则的同时，强调图案的装饰性和自然材料的合理利用，加上对人体工程学因素的充分考虑，注意安全性、舒适性和方便性，为瑞典现代主义设计树立了典范。瑞典的玻璃器皿和陶瓷设计以设计造型简单朴实，功能良好而著称，被称为"瑞典现代风格"，对世界各国的餐具设计起到了深远的影响。

瑞典现代化玻璃艺术品厂欧瑞诗（Orrefors）的设计师西蒙·盖特是让瑞典玻璃享誉世界的第一人，1916年发明了Grail❶工艺，使欧瑞诗公司进入鼎盛时期，也为玻璃

---

❶ Grail：在带有蚀刻装饰的物品上浇注晶莹剔透的水晶，再进行精心吹制的工艺。

工业做出了巨大的贡献。他的同事爱德华·霍尔德也是瑞典现代主义设计的领导者,在 1908～1912 年曾师从亨利·马蒂斯,从玩球少女花瓶(图 4-19)中可以看到马蒂斯线条的韵律。玻璃设计师通过形象化的人物造型、简洁灵动的线条等充满诗意的设计语言,表达了轻松欢快的情调,将优雅的设计带入日常生活中。

图 4-19　爱德华·霍尔德设计的玩球少女花瓶

陶瓷设计不得不提的是瑞典国宝级艺术家丽萨·拉尔森,她对陶瓷的坚守几十年如一日,她几乎没有设计过陶瓷餐具,但她设计的雕塑玩偶却获得一致认可。

丽萨·拉尔森的动物系列陶瓷玩偶(图 4-20)多是以简括的形状进行整合,着重对脸部神情的刻画,表现出不同的情绪状态,每一个动物雕塑都带有一种特殊的情感符号,通过和谐的色彩搭配,给予观者独特的审美感受,通过圆润的轮廓曲线和趣味的表情刻

图 4-20　丽萨·拉尔森的动物系列陶瓷玩偶

画,将"人情味"融入雕塑的灵魂中。

瑞典还是最早发明弯木技术、生产弯木家具的国家。瑞典家具设计形式简单、颜色淡雅、强调功能,多运用木材和纺织品或胶合板,被称为"几何形家具风格"。被誉为瑞典"现代家具之父"的卡尔·马姆斯登曾研究过画家卡尔·拉森的很多描绘当时瑞典居家生活的画作(图4-21),并以此为灵感,根植于瑞典文化,开创了一种新的设计方法,实现了瑞典手工艺传统、个性化和功能主义间的平衡,运用有机线条,设计出了舒适且美好的家具作品(图4-22)。

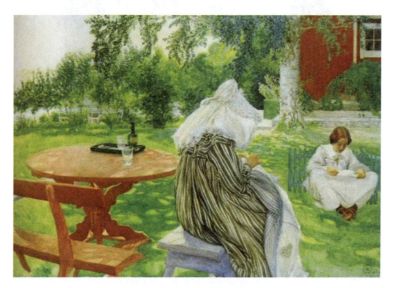

图 4-21　卡尔·拉森的画作

图 4-22　马姆斯登设计的椅子

马姆斯登与当时的布鲁诺·马松、约瑟夫·弗兰克等著名设计师共同开启了真正属于瑞典的设计风格,即柔性功能主义,马姆斯登说的"适度则永存,极端则生厌"也反映了瑞典家具设计的理论精髓。可以看出,北欧设计美学的特征整体集中在了"优秀设计应负有严肃的责任,设计应提高社会各阶层的生活质量,艺术应成为社会进步的载体"这三个观点上。

总的来说,北欧设计的本质是以艺术化的设计手法美化日常生活,关注的中心始终是如何提高公众日常生活的美的品质,这与北欧人的世界观、文化理念密切相连。同时,设计也反映其社会体制的民主特征,北欧设计与现代设计文脉的传承与延续,是建立在北欧诸国深厚的传统工艺基础上,用诗意的手法表现了人与物、人与自然的关系,并以其丰富而温暖的"人情味"而著称于世。说到底,北欧设计的核心在"人",所谓风格,也只是北欧人民心中的实用主义,没有刻板的守则,非常值得我们关注并学习。

/ 思考与练习

1. 请概述北欧风格发展脉络中文化与设计的关系。
2. 分析并举例说明北欧各国设计之间的异同。

第 5 章
/ 文创产品的设计与创意

/ 知识体系图

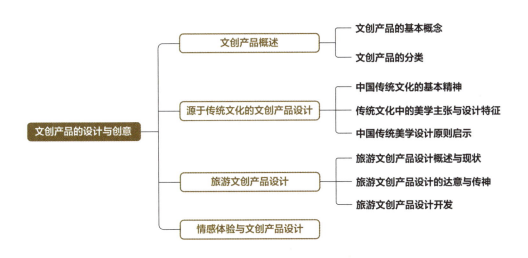

/ 学习目标

知识目标

1. 掌握文创产品的概念与分类。
2. 掌握不同类型文化与创意产品之间的关系。
3. 掌握文创产品设计的系统思维。

技能目标

1. 能够分析传统文创产品、旅游文创产品和情感体验文创产品的设计特征。
2. 能够把握不同文化内涵下的产品受众,并进行设计实践。

/ 5.1 / 文创产品概述

5.1.1 文创产品的基本概念

（1）文化与创意

文创，即文化创意，而在群体存在的层面上，"文化"一词所表达的是特定群体的生活方式。文化产生的基础是人的社会性存在。戈德利耶曾说："人类不光生活在社会中，他们还为了生活而创造社会。""人类不光生活在关系中，还为了生活而创造关系。"正是由此，人创造了文化。这便发生了"文化"与"社会"的重合。《周易》中有"观乎人文，以化成天下"，表达的是中国古老智慧对文化的社会性规范本质的诠释。

文化作为人的产物和标志，作为凝聚力和张力融为一体的一个共享系统，无论是外显的产品形式，还是内敛的精神要求，都共同把"意义的追寻"确立为人存在的最基本和最核心的议题，并以此为社会科学奠定了深厚的基础。

（2）文化创意产业

全球以文化为依托的创意产业近些年来都保持着强劲的势头，欧洲实施了"第六框架计划"，通过整合成员国来提高欧洲整体创新能力。美国、俄罗斯、中国、韩国与印度等国都在大力推进科技和文创产业的发展。其中，美国是全球文创产业最为发达的国家，且起步较早，从1996年开始，美国文创产业就超过其他所有传统产业，成为美国最大的出口产业。

日本在传统文化这方面的研究相对来说是走在世界前沿的，在理论指导方面，日本民艺美学家柳宗悦在《工艺之道》里认为"工艺文化有可能是被丢掉的正统文化，原因就是离开了工艺就没有我们的生活。可以说，只有工艺之存在我们才能生活……美不能只局限于欣赏，必须深深地扎根于生活之中，只有把美与生活统一起来的器物才是工艺品。如果工艺的文化不繁荣，所有的文化便失去了基础的文化，因为文化首先必须是生活文化"。这强调了传统文化与工艺的重要性。另外，日本在保护知识产权方面也已经领先做出一些成绩，相继出台了《日本图案设计专利法》《日本著作权法》等法律法规。

我国自2014年国务院正式发布《国务院关于推进文化创意和设计服务与相关产业融合发展的若干意见》后，从中央到地方不断出台相关政策，文化创意产业在中国迅速发展起来，近几年的全国文化及相关产业增加值一直呈上升趋势，到2019年已经达到43712.26亿元（图5-1）。

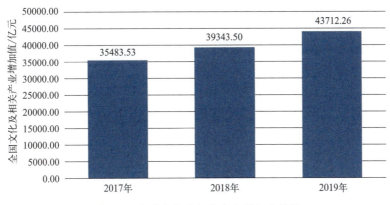

图 5-1　全国文化及相关产业增加值统计

（3）文创产品

文化产品有广义和狭义的双重理解：从广义看，同一物质产品，在不同的民族群体中表达着不同的文化意义；而不同的民族群体依据其不同的文化结构，也在生产着不同的物质产品。人类社会中的物质产品，无论是其生产还是使用，都紧密地与其特定的深层文化结构相关联，都表达着不同的文化意义，也就是说，所有的物质产品都具有文化的要素。从狭义看，文化产品则专指借助物质载体使人类精神得以体现的，与日常生活用品相区别，更多以艺术或娱乐形式得到表达的那一类产品。而文创产品一般是指以文化、创意理念为核心，是创意人的知识、智慧和灵感在特定行业的物化表现，即其创意来自文化设计的产品。简单来讲，文创产品是指具有文化内涵的创新性产品，其核心要义是对文化内容进行创新性转化。因此，文创产品的价值通常通过两部分判定，一是物质载体的成本，二是文化内容与创意形式的精神和情感价值。

5.1.2　文创产品的分类

文化分为物质文化和非物质文化。物质文化又称有形文化，是为了满足人类生存和发展需要所创造的物质产品及其所表现的文化。非物质文化特指非物质形态的具有艺术价值和历史价值的东西，按照文化形态来分，又可分为：器物文化，如陶瓷文化、青铜器文化等；行为文化，通常反映在人与人之间的各种社会关系和生活方式中，如礼俗、民俗、风俗等行为模式；观念文化，指的是长期生活在同样文化价值体系中的人逐步形成的对自然、社会和人的基本的、比较一致的观点和信念，如古代所说的五常——仁、义、礼、智、信。

因此，文创产品是一个较为广泛的概念，可以根据不同性质进行分类。

（1）按文化类型分类

从文化类型来看，文创产品可分为传统器物文创、传统行为文创和传统观念文创。

① 传统器物文创。西汉皇后之玺（图5-2左）是目前发现的年代最早的帝后级别玺印实物，也是目前唯一一枚汉代皇后玺印，现藏于陕西历史博物馆，属国宝级文物。2019年陕西省西安市以皇后之玺为原型，采用1∶1比例用多种特殊工艺打造出一款"长安通"玉玺纪念卡（图5-2右），该卡将陕西特有的厚重历史文化与现代人出行的交通卡相融合，既具有较高的欣赏价值，又具有交通卡功能。

图5-2　皇后之玺（左）与"长安通"玉玺纪念卡（右）

② 传统行为文创。中秋节是中国四大传统节日之一，自古便有赏月、吃月饼等民俗。2021年中国国家博物馆的月饼礼盒（图5-3）采用老北京食盒的形式，做了包袱皮的设计，打开礼盒，精致的纸雕盒盖映入眼帘，以馆藏文物"堆彩赤壁赋圆漆盘"为元素，还原苏轼《赤壁赋》中远山、秋月等意象，月饼盒整体还是一盏小夜灯，给人一种"揽月入怀"的美妙感觉，月饼则以玉兔、柿子、枫叶、白莲等意象设计图案，设计精美。

③ 传统观念文创。"福"是中国人观念中最吉祥的文字，寄予了人们对幸福生活的向往和对美好未来的期盼。品牌73Hours与故宫宫廷文化的联名款"福到跟前"高跟鞋（图5-4）的创意来源便是"福"文化，珍珠、金属和钻饰打造成的小蝙蝠，点缀在后跟，以小蝙蝠（"福"的谐音）来寓意福气已经到了跟前（高跟鞋）。

（2）按产品的常见材料工艺分类

按产品的常见材料工艺分类，可分为陶瓷与泥塑类，布、纸与竹木类，塑料与玻璃类，金属与皮革类。

图 5-3　中国国家博物馆月饼礼盒

图 5-4　"福到跟前"高跟鞋

① 陶瓷与泥塑类。陶瓷是人们在日常生活用品中接触比较多的一种材料,被称为"土与火的艺术",也是人类最早利用的非天然材料。陶瓷刚度大、强度高,以陶瓷作为主要材质的文创产品,常见的有摆件、餐具和首饰等。故宫文创产品"龙凤杯"(图5-5)的创作灵感来源于清代皇帝与皇后的王冠服饰,运用现代设计手法,巧妙地以皇帝的朝冠和皇后的凤冠为杯盖,龙袍和凤褂为杯身,让皇家经典形象在设计中走进大众生活,既表达了宫廷文化的别样趣味,又传递出现代生活美学。

产品设计与文化

图 5-5　陶瓷"龙凤杯"

泥塑，俗称"彩塑"，是中国民间传统的一种用黏土制成各种形象的民间手工艺。制作方法是在黏土里掺入少许棉花纤维，捣匀后，捏制成各种人物的泥坯，经阴干，涂上底粉，再施彩绘。它以泥土为原料，手工捏制成形，或素或彩，以人物、动物为主。泥塑在民间俗称"彩塑""泥玩"。泥塑发源于陕西省宝鸡市凤翔县，流行于陕西、天津、江苏、河南等地。中国传统泥塑多姿多彩，而在新时代的背景下，泥塑的创新应该符合当下的生活场景和审美。

② 布、纸与竹木类。布艺是中国民间工艺中的一块瑰宝，是以布为原料，集民间剪纸、刺绣等制作工艺于一体的综合艺术。传统布艺和现代布艺之间没有严格的界限，目前布艺文创产品的创意主要体现在对非物质文化遗产，如少数民族服饰、扎染、蜡染等传统元素或工艺进行的继承和创新，以满足人们的生活需求。

造纸术乃中国传统四大发明，纸亦属于文房四宝。纸是由含植物纤维的原材料经过制浆、调制、抄造、加工等工艺流程制成的，用途多样。因其质轻、可操作性强等特点，是文创产品中的常用材料。广州美术学院梁迪宇副教授研发的狮头、龙头可穿戴非遗教具（图 5-6），是以广东佛山非遗"黎家狮"为灵感源泉，以纸为媒介的创意作品，其既体现了现代设计的美育力量，又是对中国民间非遗的活化。

图 5-6　南粤古驿道非遗文创产品——美育教具可穿戴狮头

　　竹木属于自然材料，木材是人类最早使用的材料之一，竹材是环保材料，两者易于加工，具有丰富的色彩肌理、柔和自然的触感等特点。竹木类的文创产品常从档次、硬度、色彩、肌理等方面进行分类，根据材料特性，可以设计出不同温度和情怀的产品。

　　台湾设计师范承宗设计的作品《圆》（图 5-7）是一面现代的竹镜，设计师将现代工业设计的思维植入传统工艺当中，用现代科技手段，对竹产品精心设计，在制作中精准控制，也是对竹材料特性的完美呈现。这件作品体现着设计师在现代文化中为传统文化概念寻找适合其生存的新方向，以传统竹文化为元素，融合古代镜子的形状，借以竹材的载体再造出新的文创产品。

　　③ 塑料与玻璃类。塑料的主要成分是树脂，大多数塑料质轻，化学性稳定，不会被锈蚀；耐冲击性好；具有较好的透明性和耐磨耗性；绝缘性好，导热性低；一般成型性、着色性好，加工成本低。

　　玻璃是一种硅酸盐类非金属材料，种类繁多，大多数为脆性材料，抗张强度低，但具有良好的透光性能，近年来引起越来越多的关注。

　　日本文化中，镜饼（图 5-8）——供奉给神灵的扁圆形的年糕，是新年的神灵"年神"的依附物，日本的家庭在正月的时候，会将镜饼装饰在家中，祈求新的一年一切顺利平安。随着现代社会人们生活习惯的变化，大部分镜饼逐渐被玻璃等不会腐败的材质代替，以继续传播日本传统文化中的美好寓意。

　　④ 金属与皮革类。从"青铜器时代"到"铁器时代"再到现在的"轻金属时代"，金属材料一直是人类文明史上最重要的结构材料和功能材料。金属材料一般具有良好的延展性，金属的光泽、色彩和肌理等也给设计师提供了良好的发挥空间。

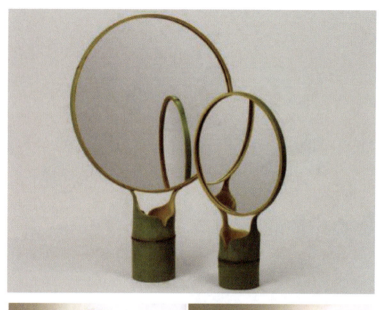

图 5-7 《圆》

图 5-8 传统陶瓷镜饼与现代玻璃镜饼

皮革是经脱毛和鞣制等物理、化学方式加工所得到的已经变性不易腐烂的动物皮。

天然的革面有自己特殊的天然花纹，革面光泽自然，颜色多鲜艳，手感柔软有韧性。作为文创产品设计师，应当了解和熟悉各类材料的工艺，从而做到游刃有余。

/ 5.2 / 源于传统文化的文创产品设计

5.2.1 中国传统文化的基本精神

中国传统文化博大精深，形成与发展自成一体，具有自身鲜明的特色，内容与形式丰富多彩，文化精神基本包括四种。

（1）以人为本

儒家的"以人为本"思想、荀子提出的"重己役物"思想和《尚书》中"玩物丧志"的言论，都说明中国的先人们很早就意识到人与物的关系，美国哈佛大学的杜维明教授认为，"中国文化关注的对象是人"，这是中国传统造物史上的造物原则，所有造物活动和造物成果都应以人为本，为人服务，这也是中国文化精神的重要内容，符合哲学上对于人在自然、社会和思维领域的主导认知。

中国文化重人，并非强调个人价值和个体自由发展，而是将个体融入群体，遵循大局观，强调人对国家和宗族的义务。这与西方文化中以个人为本位的人文主义截然不同。爱国主义是中华民族最深厚的精神传统，也是中华民族自古以来最强大的向心力和凝聚力。

（2）儒道互补

从中国文化思想发展史上来看，春秋战国时期，思想界出现了百花齐放、百家争鸣的生动局面，儒、道两家思想影响较大。汉初又崇尚黄老之学，自汉武帝接受董仲舒"罢黜百家，独尊儒术"的建议以后，儒学一跃成为官方哲学。此后，它在中国传统文化思想中的统治地位始终未曾从根本上动摇过。汉末以降，由于中国土生土长的道教兴起以及外来佛教文化的传入，很快形成儒、道、佛三足鼎立的局面，并日趋融合。魏晋玄学从本质上说是儒、道结合的产物。宋明理学则是儒、道、佛三教合流的产物。中国传统文化以儒、道两家思想为主干，并形成互补之势。

从儒、道两家思想对中国传统文化的影响来看，大体说来，儒学对中国传统文化乃至整个社会生活都有着广泛而深远的影响，尤其对中国传统政治文化、伦理道德、文化教育、风俗习惯、国民精神等方面的影响甚为深远。道家、道教对中国传统哲学、文学、艺术、科技、宗教、医药、体育等领域有着相当广泛的影响。

儒、道两家的思想内涵虽然各不相同，但双方也存在着颇多暗合、融通之处，两者相辅相成，相映成趣，在中国文化中得到多方面的表现。比如，中国传统哲学中的"阴阳"对立统一观念，古典美学中以善为美及以和为美的审美情趣，古代文学中"文以载道"及崇尚自然的文学流派，传统士大夫的"穷则独善其身，达则兼济天下"的人生价值取向以及民族性格中刚柔相济的品格等，这一切都是儒、道在中国文化精神中的具体体现。它的积极之处在于有一种"圆而润"的智慧，但也一定程度上欠缺"方以智"的精神品质。

（3）持中贵和

中国文化重和谐统一，中国传统文化植根于农耕文明，表现出一种"静态"的特征，重视自然的和谐、人与自然的和谐、人与社会的和谐、人与人之间的和谐，以及人自身的身心和谐等。中国传统文化以和为贵的和合精神最为典型地体现在"天人合一"的思想传统中。唐君毅先生深刻地指出："中国文化精神之本原，吾人即可为中国思想，真为本质上之天人合一之思想。"在中国古代思想家看来，天与人，天道与人道，天性与人性是相类相通的，因而可以达到和谐统一。在人与自然的关系中，中国文化比较重视人与自然的和谐统一，而西方文化则强调人要征服自然、改造自然。尽管中国古代思想中也有"明于天人之分""制天命而用之"的思想，但这种思想不占主导地位。无论是儒家和道家，都主张天人合一，反对天人对立。以儒家为代表的中国传统文化中"以和为贵"的思想观念主要侧重于人与社会以及人与人之间的和谐统一，这从孔子所谓的"礼之用，和为贵"到孟子所说的"天时不如地利，地利不如人和"的思想中，可得到明确印证。

"持中贵和"不仅是中国传统文化中极其重要的思想观念，而且也培育了中华民族的群体心态，在中国文化的各个领域都有明显的体现。"极高明而道中庸""执其两端，用其中于民""致中和"等，无不是农业自然经济和宗法社会培育的人群心态。经过长期的历史积淀，和谐精神逐渐泛化为中华民族普遍的社会心理习惯。

持中贵和的思想，作为中国文化基本精神的一个重要内容，给中国社会带来的影响也是双重的。它的积极作用和影响是主导方面，对保持社会稳定和发展，以及统一的多民族国家的维护，无疑有着积极作用。但是，不可否认，由于全民族在贵和尚中观念上的认同，中国文化缺乏如西方文化中的竞争、进取精神，这对社会的发展也有不利的影响。

（4）厚德载物

《易经》中提到："地势坤，君子以厚德载物。"厚德载物作为中国传统文化结构的主要特征，由来久远，常以理论形态呈现在儒、道、法、墨等主要学派中，尤其是深受儒家人文主义精神以及明末清初启蒙思想家经世思潮的影响。作为一种思想方法，它注重客观事实，注重历史经验，重视直觉顿悟和整体思维，是满足于解决问题的经验论的思维方式。作为一种价值取向，实践理性注重身体力行、经世致用的行动哲学，尤重道德功利主义。它与美国的实验主义精神有相似的地方，也有不同之处，两者不能混同。实践理性对中国文化精神和民族精神的影响甚为深远，在实践中也带来了双重效应，但积极效应占主导地位。实践理性主要体现一种重现实、重功效的思想方法和价值取向。深得人心的"实事求是"的思想路线是实践理性学术传统在实践中的积极效应。据考证，实事求是原意是一种严谨治学的科学精神。东汉班固在《汉书》中赞扬河间献王刘德"修学好古，实事求是"。唐代颜师古在注《汉书》时指出它意指"务得事实，每求真是也"。无疑，实事求是的学风是一种科学的态度和实学的精神，对后世产生了相当积极的影响。它所奉行的学以致用、身体力行的信条对中国历代志士仁人的人生价值也有着深刻的影响。但实践理性也存在着忽视了理论具有抽象、急功近利的弊端，容易陷入实用主义的倾向，这也是需要警惕的。

和任何事物都具有二重性一样，中国传统文化精神既有民主性精华，也有封建性糟粕。对现代社会来说，它是一种可以开发利用的潜力巨大的社会资源。我们应当以现代化为参照，对我国民族文化传统进行创造性转化，弃其糟粕，取其精华，并赋予民族文化的优良传统以现代内涵，注入新的时代精神，使之成为我国现代化建设的强大精神动力，这则是我们当代人的神圣职责和崇高使命。

5.2.2 传统文化中的美学主张与设计特征

与西方的几何美学和数学逻辑完全相反，东方审美从古至今都是"只可意会不可言传"的意向性审美。意向性的审美趣味也是中国人艺术的感性思维和直觉思维在美学观上的体现，书法作品草书（图5-9），笔画连绵，结构省略，由隶书发展变化而来，难以辨认，但我们主要欣赏其审美价值。中国画中的写意画，无论是风景或是花鸟人物，都是寥寥几笔，神韵毕现，直抒胸臆。

李泽厚、刘纲纪在《中国美学史》中，把中国古代美学思想划分为儒家美学、禅宗美学、道家美学和楚骚美学四类。儒家美学主张美与善的统一，强调善的核心地位，孔子主张"中和之美"，中庸内敛的设计主张强调作品的节制和谐。如中国的宫廷院落、京剧脸谱（图5-10左）、川剧变脸（图5-10右）、风筝年画、剪纸窗花等，常用对称形式，强调以偶为美。

禅宗美学是指在佛教禅宗影响下形成的美学思想，主张人们回归本真，追求自我、忘我、自性清净及人生的理想境界。禅宗美学将设计的形态与内涵完美地结合在一起，将生命的体验与感悟融入形式的创造，体现禅意的宁静淡泊与怡然悠远。

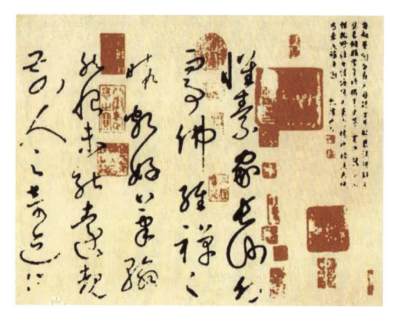

图 5-9　书法作品草书

图 5-10　京剧脸谱书签（左）与川剧变脸日历（右）

荷塘月色香台（图 5-11）是贾伟设计的作品，禅宗中常以月影比作人的心性，"荷塘月色"上的烟雾晕开，似荷塘上的月影，淡淡馨香，充满温润之美，正是禅宗美学所追求的形神兼备、气韵生动的意境设计。

道家文化是中国本土文化，道家以老子、庄子为代表，宣扬"道法自然"的观点，意为万物以其自身为原则，自由不受约束。之后庄子汲取老子的思想并加以发展，提出了"既雕既琢，复归于朴"和"朴素为美"等审美观点，认为自然的才是最美的，自然朴素是其他任何事物都不可比拟的。道家美学深刻地把握了美的内在本质及美学精神，主张真善美的和谐统一，反对矫揉造作，以自然和谐为法则，崇尚不雕琢的自然之美。

第 5 章 | 文创产品的设计与创意

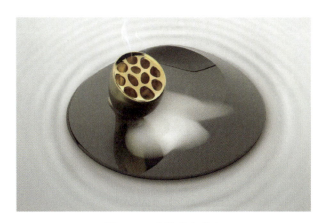

图 5-11 荷塘月色香台

大羽营造的冯羽先生主创的设计作品苦竹斋（图5-12），是一个以柔弱的"竹篾"和工艺"无有"之概念，通过竹篾和工艺的真实质朴表达，来呼唤诚意设计的作品。选择最低成本、最简单、最柔弱的竹篾，作为空间质感的表达媒介，探索空间艺术视觉上一种最低限度的可能性，简单平实的技法，极致脆弱的材料，让情感回到一切的原点。

图 5-12 苦竹斋

楚骚美学则是以屈原的《离骚》为代表的美学意识，汲取了许多儒家和道家思想的精华，具有将内在意识外化的特点，高度重视人们感官的艳丽、繁复、奇谲。在形式上铺张扬厉，体现出古拙、飞扬、神秘的浓烈气势。楚文化流行于南方楚国，那里自然条件丰沃且保留原始氏族社会的风俗，楚人常常狂醉在原始宗教式的自由境界之中，人们的原始生命冲动力能够借助宗教式艺术的形式抒泄，因此楚骚美学具有浓烈的浪漫精神与生命活力，在民族精神层面的特征是积极进取、开放融合和革故鼎新，是华夏文明的重要组成部分。

5.2.3 中国传统美学设计原则启示

（1）拟态

中国传统美学不重视对事物的模仿，而重在心灵感应，中国画讲究似与不似之间，这种简化和升华可以给观者留下想象空间。在进行中国传统文创设计时，我们可以借用中国传统意向中的"拟态"手法，传承传统文化精神内涵和转译现代科技。拟态设计不是简单模仿，而是从产品形态、结构、意向、氛围出发，模拟自然形式或现象，生成新的产品设计，并创造新的产品体验。让中国传统文化融入现代生活，真正体现天人合一。

（2）"文质观"与系统思考法

"文质观"是以孔子为代表的儒家学派中重要的思想理念，蕴含了丰富的美学智慧。孔子曰："质胜文则野，文胜质则史。文质彬彬，然后君子。"这是中国传统文化大树上的一根主要枝干，说明中国传统审美已经开始用辩证的眼光来看待"文"与"质"的关系。"文质观"的英文官方翻译为"Ideas on relationship between content and form"，即"内容与形式关系的思考"，正是学术界广泛讨论的"形式与功能"话题。普遍的观点认为：事物只重功能，如果缺少必要的形式美就会缺乏吸引力，但如果过多的形式感也会造成虚华，只有形式与功能恰如其分才能达到最完美的结果。

现代设计方法中的系统思考法，指的是设计时从整体的思维角度进行系统性的理性思考。中国人习惯的类比思维也是从"天、地、人"系统整体思维中衍生出来的，以传统"文质观"类比系统思考法，要求全面系统地看待设计的功能与形式，结合系统思考法，可以帮助人们构思，把创造的思路引向特定人群。

单纯外观新颖的产品常常只能获得短期的成功，这种短期的成功却吸引了许多商家纷纷效仿，直接的后果就是质量低下的廉价产品泛滥。为了改变这种现象，对设计者来说，应当注重并遵循中国传统"文质观"且全面地认识和解决问题。

天堂伞"竹语"（图5-13）曾是红点奖与iF大奖的双料获得者，传承古法，是"竹语"伞的魂，它不浮夸但又不简单的外形设计加上晴雨两用的功能性，可谓思考全面又将传统"文质观"体现得淋漓尽致。这款伞无论是伞柄还是伞骨架都是全竹制，从我们所熟知的江南油纸伞中获得灵感，是传统材料的创新使用，也是古老技艺与现代实用主义的糅合，伞骨为全手工打造，伞面虽然是机织但材料却是竹炭纤维，抗紫外线功能大于普通面料，而且为确保受力均匀，12 根骨架来自同一根竹子，制作之考究带有强烈的中国文化精神与韵味。

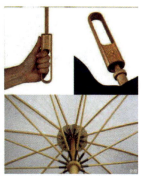

图 5-13　天堂伞"竹语"

/ 5.3 / 旅游文创产品设计

5.3.1　旅游文创产品设计概述与现状

旅游产品是指具有使用价值的，从旅游准备到旅游前、中、后期直至旅游结束所涉及的一切不包含服务的实物及非实物产品。旅游文创产品则是根据旅游地域的不同文化特色进行创意设计的产品。旅游文创产品不同于传统意义上的旅游纪念品，不仅要注重艺术感、技艺性和传统文化、地方特色创新，更要融入对新设计思潮以及新技术、新材料的运用。

日本在旅游文创产品设计方面属于佼佼者，他们非常注重保护本土文化，旅游产品产业链完整，传统文化元素如"樱花、和服、动漫 IP、富士山"等不胜枚举（图 5-14），通过不断引入新技术、新理念，为传统文化注入新鲜活力，文化得以传承发展，经济依靠旅游文化得以提升，保持了产业间的良性循环。

博物馆旅游文创产品是英国的一大特色，著名的英国国家博物馆，俗称大英博物馆，是世界四大博物馆之一。其旅游文创衍生品（图 5-15）在文化传播中起到了重要作用，一度火爆到断货，旅游文创产品的收入已经逐步成为大英博物馆的主要收入来源。最有名的盖亚·安德森猫风暴瓶（图 5-15 右），晴天时瓶体清澈，阴天浑浊，多云会有些许漂浮物，雪天则会有雪花状结晶，其设计灵感来源于 18 世纪的指挥官罗伯特·菲茨罗伊发明的天气瓶。

产品设计与文化

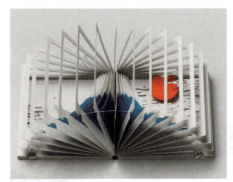 

图 5-14 日本富士山元素的立体书和酱油碟

图 5-15 趣味行李牌（左）与盖亚·安德森猫风暴瓶（右）

国外成功的旅游文创产品开发案例，准确地印证了具有民族风格和文化特征的地域性特色设计是旅游产品得以推广的重要保证。

中国拥有众多或历史悠久或各具特色的城市，旅游文创产品是城市历史与民俗文化的缩影，游客也往往会关注当地具有风土人情的地方特色产品。中国的民俗文化与旅游纪念品开发在 2006 年前普遍表现出消极的发展态势。一方面，民俗文化在现代文明的冲击下正迅速被国际主义"再造同化"，虽然政府出台了很多保护性的举措，但市场的缺失让那些治标不治本的"药方"显得传承乏力，让民俗文化逐渐衰败；另一方面，从旅游纪念品的角度来看，对传统文化资源的运用缺少创新和深度价值挖掘，很多旅游纪念品仍然单纯依靠传统手工艺，同质化严重，几十年风格不变。由于传统意义上的旅游纪念品对使用功能的要求相对较少，其概念甚至一度等同于工艺品。

近些年发展得较好的故宫博物院在开发文创产品上走在前列，深度挖掘丰富的明清皇家文化元素，将故宫的建筑、故宫的文物以及背后的故事，结合趣味文化，融合现代人喜欢的时尚表达理念,走进了年轻人的心中,最终打造出具有故宫文化内涵,具有鲜明时代特征,贴近群众实际需求,深受消费者喜爱的故宫元素文创产品(图 5-16)。

图 5-16　趣味折扇(左)与口红(右)

5.3.2　旅游文创产品设计的达意与传神

旅游文创产品设计的"达意"是要使消费者能由此作品感受到文化元素深层的意义甚至历史底蕴所在,是在虚实、空满之间通过逻辑、科学的思辨性实现"度"的考量。同时,旅游文创产品的"传神"设计关键在于对情感语义的把握,需要与用户产生情感共鸣,产品本身需要具有能够引起回忆的情感元素。这种元素不一定是产品某种具体的形态特征,而是由形态元素创造出作为情感诉求点的地域文化深层内涵。

日本熊本县的吉祥物熊本熊(图 5-17)以其可爱的形态、生动的表情引起人们的强烈共鸣,且熊本熊肖像使用权免费开放,衣食住行、娱乐等所有领域都推出了大量周边产品,IP 本身还担任了日本熊本县营业部长兼幸福部长,全方位出击,使熊本熊的 IP 迅速走红。仅 2018 年,熊本熊相关周边的年销售额就达到了 1400 亿日元(约合人民币 88 亿元),创下历史新高。

图 5-17　熊本熊 IP 及其周边旅游文创产品

5.3.3 旅游文创产品设计开发

设计是一种有计划的、符合人类功利的行为，旅游文创产品的设计开发流程遵循一般产品的开发流程。设计师通常以不同年龄、收入、旅行动机或馈赠对象来区分目标人群，再根据目标人群的不同分析其消费行为，找到合适的地域文化元素特征进行提炼，运用合适的设计方法进行思维发散、整理和筛选，挑选出有价值、有意义的设计点后将其运用到合适的物质载体上。

分析旅游产品的含义可知：非传统手工艺类旅游产品首先作为商品而存在。因此它也具有了对于工业产品开发的一切特性，也就是"使用者、使用环境"两大要素对设计的影响。对于使用者而言，不同的用户会产生不同的需求。这些需求的产生由用户的性格、生活方式、文化背景以及行为习惯、消费目的等因素共同影响，因此，即使是同一件旅游产品分别被几位老人购买，其购买动机也可能因某些影响需求的因素不同而有所区别。旅游者的购物动机根据其共性的特点有如下几种。

（1）实用动机

尽管购买者的背景、风俗习惯、地域和喜好都不同，但物品的品质、品牌实用性和功能性等常常是购买者考虑的因素，也是决定购买与否的最基本的标准。自己使用收藏或是馈赠亲友等，往往会考虑是否能在生活中用到或当作装饰品摆设。老年人是最倾向于所买物品的实用性的消费群体，物美价廉和轻便易携带也是他们决定购买的要素之一。

（2）馈赠动机

人们可借助旅游产品同家人和亲友分享旅途趣味，表情达意。有些纪念品在当地也有可能买到，但是从旅游地带回的原汁原味的礼物更具有情趣，别具一番意义，馈赠也是对亲朋好友的礼貌和情谊。

（3）新异动机

满足追新求异、猎奇、展现个性的心理需要。每个人对于异国或异地的新奇风俗都会有好奇心，常会购买当地新奇的旅游产品作为珍贵记忆的见证。若是纪念品的造型、材质、装饰元素等方面极具当地特色，品质正宗并有价格优势的话，旅游者自然愿意购买。西藏的哈达、云南的蜡染布、九寨沟的藏饰等都是极富文化纪念价值的旅游产品。

(4) 价值动机

注重商品的质量和价值，旨在买到正宗的、货真价实的当地特色商品。以日常生活中的餐饮用具为例，不同地区由于民族和地域、历史人文背景等因素的不同，其造型、材质、工艺等也各具特色。四川凉山地区，彝族人最爱用装饰意味十足的漆木碗，在黑色生漆的底子上饰以红、黄两色的饰纹，明艳而富有少数民族特色。

(5) 文化动机

满足求知、提高艺术修养的需要。一些文人学者或是对古玩字画极其热衷的爱好者，对于品质优良的古玩字画等具有文化内涵和品位的纪念品爱不释手，或收藏或赠予对此有爱好的亲朋好友。

(6) 纪念动机

追求旅游产品的纪念意义和纪念价值，通过产品实现"引起兴趣，引起追忆进而引起联想"，这是旅游者最普遍、最主要的购物动机。旅游者一般将旅游产品当作到某地旅行后美好回忆的纪念。旅游者的购物行为是一种典型的情感性购买行为或感性消费行为。购买旅游产品的目的可以统称为：通过消费获得精神的愉悦舒适、个性与优越感的满足等。

有了对旅游者购买动机的分析，我们就可以利用系统性的思维方式，对不同旅游人群（使用者）及其购买旅游产品的不同目的，逐层地展开系统分析，实现对相关旅游产品的准确开发。

中国台北故宫博物院与意大利品牌阿莱西合作推出的 The Chin Family（清宫系列）（图 5-18）便是将地域文化元素以趣味性的方式呈现，并融合旅游文创产品的优秀案例。

该系列产品精练地提取清宫人物形象、服饰、冠带等元素，呈几何廓形，加上细长目、弯笑嘴，以夸张、趣味的手法对其形态进行设计，有香料研磨罐、蛋杯、定时器、椒盐罐等。例如，调味罐组合恰好是一对清代夫妻形象，无论是外观上还是寓意上都恰到好处，而且在色彩上大胆使用了较饱和的色调，夫妻造型一致，但通过各自服饰的色彩及图案样式可以区分角色，使人一眼便体会出其中的趣味性。

作为产品设计的核心，功能也是产品实现趣味性的一个重要切入点。清宫系列产品以产品的功能作为基点，给人带来一种人性化、富有人情味的感受。例如，有个人物形象看似是一位尽忠职守的官员，而事实上他手中的"兵器"却是舀水煮蛋或调味料用的小汤匙，不免让人莞尔一笑；他的头冠还可用来放调味料，赏玩与实用兼具，逗趣迷人。

这些产品巧妙地将人物形象中的各元素合理地转变为具体的功能，实现了实用与趣味的相互交融。

图 5-18　The Chin Family

/ 5.4 / 情感体验与文创产品设计

　　文创产品设计，主要是通过分析文化器物本身所蕴含的文化因素，将这些文化因素以符合现代生活形态的形式转化成设计要素，并探求其使用后精神层面的满足——即产品的"体验价值"。文创产品具有文化属性和创新性双重要素，所以决定了其具有个性化、差异化的特点，每一件文创产品背后都有一段故事，消费者因为消费不同的"文化"得到了不同的情感体验。

　　情感是人在认识事物的过程中产生和发展的，反映了人对外界环境刺激所产生的态度，如对产品外观设计的喜爱和满意，对刺鼻气味的厌恶等。现代心理学研究认为，情感的发生受环境时间（刺激因素）、生理状态（生理因素）和认知过程（认知因素）三个条件制约。马斯洛的需求阶梯由低到高可分为：生理层面的需求、安全层面的需求、社交层面的需求、尊重层面的需求和自我实现层面的需求。通过分析比较不难发现，文化层级与用户体验层级存在一定的关系，而这种关系刚好分层级对应。

　　作为人本主义理论之一的马斯洛需求理论刚好与诺曼的设计三层次形成映射关系，即本能层次（直观感觉，主要从视、嗅、味、听和触这"五感"获得），行为层次（交互、互动、社交等），情感反思层次（背后的文化内涵、产品的品牌故事、产品的个性和差异、价值判断和选择等）。产品承载着设计师要表达的情感和历练，当用户接触到产品时，会自然而然地产生心理感受，这一过程是对产品的情感进行自我解码。设计师可将用户情感自我解码，即在用户感性认知和评价中获得启发，继续改良设计，以满足用户的情感需求，创造更好的情感体验。

（1）文创产品设计中的本能层次

本能层次对产品的感知，很大一部分是因产品的形态、色彩、表面纹理、气味及质感等的不同而不同，此层次属于产品的物质层面，是看得见、摸得着的或者是可以直观感觉到的。

文创产品的本能层次表现，主要是从五感出发，注重视觉、听觉、触觉、嗅觉和味觉的表现，注重文化的物质特色表达，可将传统文物的造型、装饰纹样等直接通过一定的工艺和技术表现在现代产品上，通过多方位刺激和认知让消费者重新体验产品，实现情感认同。

（2）文创产品设计中的行为层次

行为层次是指超越本能层次，根据人的生活方式、使用产品的方式、仪式和中间过程等去设计，关注产品的交互和操作性，如产品的功能性、易用性和仪式感等。

这个层次的设计中，产品的外形和设计理念被搁置，主要考虑功能实现，来满足用户最基本的情感需求。考验的是设计师对生活中痛点的发现，对人们生活习惯的观察，以及用户体验的调查研究。

（3）文创产品设计中的情感反思层次

在未来的竞争中，消费者不仅仅是购买者，而且应该是合作伙伴，与消费者共同创造价值，才能经得起时代的考验。情感反思层次因其所表现内容具有一定的意义和内涵，所以在高端文创产品中的表现相对较多。情感反思层次又称精神层次、心理层次，当人们在看到产品或者试用产品后会产生记忆回想，这种回想是消费者在情感层面的反思感受和价值衡量，和产品的意识形态层面是相对应的。对文创产品设计师来说，关注情感反思层次是避免文创产品同质化的有效途径，产品背后的文化才是文创产品的内涵所在。情感反思层次的文化内涵可包括产品的故事性情感和文化等特性，应该注重产品的内涵和文化意义。

河南博物院推出的"考古盲盒"（图5-19）是把馆藏文物通过"盲盒"的形式藏进土里，消费者用互动的方式感受文物故事，打开盒子，用配套赠送的洛阳铲挖开泥土外层并不断"挖掘"，用小刷子扫开粉末，就能在泥土中挖出各式各样的"宝物"。

而各公司品牌开始实现定制化服务更是体现了以用户体验为核心的设计趋势。在产品开发的过程中，通过消费者参与或大数据调研，倾听用户的声音，与用户对话，充分利用情感和共创的力量创造更好的产品与服务。

图 5-19　河南博物院"考古盲盒"中挖出的虎符

/ 思考与练习

归纳文创产品的特点，掌握不同类型文创产品的设计特征。

第 6 章
设计文化走向

/ 知识体系图

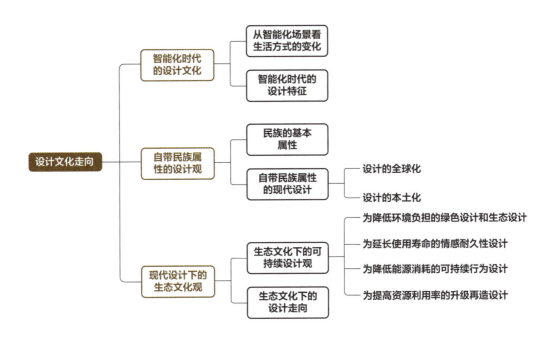

/ 学习目标

知识目标

1. 理解设计本土化与设计全球化对民族文化发展的重要意义。
2. 探索生态文化与设计的关系及对设计的促进作用。

技能目标

通过本章的学习,探索智能化时代下设计发展的未来趋势,思考如何做到设计本土化，以及形成具备良好生态文化的"大设计观"思想。

/引例

> 设计可以反映出文化的走向，人们可以从社会物质的形式中理解不同时代背景下的不同文化形式，从这个角度来看，时代发展与设计文化之间有着紧密的联系。与以往的生活方式相比，智能化技术的发展为人们的生活方式提供了更多可能性，物质的形式也因此展现出不同于以往的特征。技术的高度发展也引起了人们对民族文化的重视，现代设计表现出全球化趋势的同时，也表现出了本土化的特征。而在科学与技术高速发展的今天，社会物质的爆发式增长为人们的生活带来极大的便利与满足，同时也带来了极重的环境负担。有限的自然资源引起了人们对于"发展"的反思，现代设计中对资源利用的反思体现在对生态设计的追求上。技术的更替、文化的传承、自然资源的限制……这些影响社会发展的因素也在影响着现代设计的走向。
>
> 人类学的观点将"设计"定义为物质文化的一个方面，也就是说，文化思想以物理形式存在于现实空间中。设计反映的是特定时间、空间的物质文化，因为它们的形式反映了文化的"秩序"，其形成的文化秩序可以理解为是一种民族价值观和生存方式的综合发展系统。
>
> 然而，文化是价值体系的动态体，它会因社会变化而改变。现如今，时代在进步，科技在发展，信息技术的日新月异带来的是越来越便捷的现代生活方式，也使我们所处环境中的人造物趋向于一统化的设计特征。设计像是一个巨大的文化界面，通过这个界面，设计师将人的需求和愿望可视化，传达出当下社会的主流思想与价值观。

/ 6.1 / 智能化时代的设计文化

6.1.1 从智能化场景看生活方式的变化

每一次革命性技术的飞跃，都带来前所未有的机遇。人们逐渐从日常生活中感受到科学技术带来的巨大变化，尤其是互联网人工智能的到来，让我们从衣食住行中感受到了智能化大趋势下的巨大改变。例如跑步时，智能装备可以记录下运动数据并转化为健身指导;开车时,通过语音指令就可以获取导航信息;结束一天的工作后回到家里,智能管家已经根据户主的生活习惯提前准备好了空调、热水甚至食物等。

从"衣"的角度看,穿戴式智能设备广受瞩目。穿戴式智能设备是应用穿戴式技术对日常穿戴进行智能化设计、开发的设备的总称。穿戴式智能设备时代的来临意味着人的智能化延伸对这些设备的应用引起了一系列的变化。例如,在户外运动健身领域,带有感应装置的运动鞋具有了"主动"的意识。在医疗保健领域,智能穿戴以专业化方案提供血压、心率等医疗体征的检测与处理,形式较为多样,包括医疗背心、腰带、植入式芯片等。除此之外,其应用领域极为广阔,从休闲娱乐、信息交流到行业应用,用户均能通过拥有多样化的传感、处理、连接、显示功能的穿戴式智能设备来实现自身技能的增强或创新。

Adela Health 公司为白领们开发的这款智能背心为因久坐而产生不适症状的人群提供了健康提醒功能(图 6-1),它通过智能传感器的运用来达成目标,一旦用户出现坐姿不规范的情况,就会通过震动来提醒用户矫正坐姿。同时,用户还可以通过手机 APP 来观察脊柱的状况,避免出现因长期的不良姿态而产生的不适症状,为健康保驾护航。

图 6-1　智能背心

图 6-2 中的 Nike Air Mag 是 2016 年耐克(NIKE)推出的智能运动鞋,当脚伸进鞋子里面时,鞋子感受到了压力,就会自动系紧鞋带,而当鞋舌感受到和脚面适当的摩擦力后,它就会停止动作。它也可以用手动按压的方式调节松紧,还可以让鞋发光。这些动作主要靠装在鞋跟和鞋底的控制面板和滑轮结构配合完成。

图 6-3 为李维斯与谷歌合作的智能夹克,这款夹克把传感器以纤维的形式织进了左袖口的面料里,这样左袖口就成了一个触控板。通过不同手势触碰左袖口,就能控制口袋中的手机。比如双击袖口播放音乐,上划袖口报时等。

图 6-2　Nike Air Mag 自动系带鞋

图 6-3　李维斯与谷歌合作的智能夹克

智能技术为传统的"衣"的形式带来新的可能性，与传统的衣物相比，它更像是可以与人互动的、辅助人们日常行为的工具，从这个角度看，服饰设计与产品设计的区别也没有那么明显了。

从"食"的角度看，智能的介入与传统的"饮食"领域有了极大的不同。传统的"饮食"侧重于食物本身，而智能化时代下，人工智能技术可以在饮食规划上进行干预，把健康饮食概念带给用户。例如，用户仅需在进食前拍摄一张照片，人工智能技术就可以立即识别并分析营养配比，给予一个反馈建议，帮助用户构建更健康的饮食菜谱。可以说，人工智能应用在健康饮食领域，相当于每一位用户身边都拥有了一位私人营养师，可以随时随地帮助用户分析食物营养，并且提出饮食建议。智能技术的介入使传统的料理设备愈趋向于智能化，它通过"自主学习"来降低人的学习难度和效率，与传统厨房的独立性相比，智能厨房更像是一个汇集多方信息的平台，传统的下厨方式可能会因此发生巨变（图 6-4）。

第 6 章 | 设计文化走向

图 6-4　海尔智慧厨房

　　从"住"的角度看，智能家居企业已散发出强大的生命力，在政策引导和需求刺激下，步入了发展的快车道。智能家居是以住宅为平台，利用综合布线技术、网络通信技术、安全防范技术、自动控制技术、音视频技术将与家居生活有关的设施集成，构建高效的住宅设施与家庭日程事务的管理系统，提升家居安全性、便利性、舒适性、艺术性，并营造环保节能的居住环境。可以说这是一个自动化的物联网系统，用户可以用这个系统享受更高效、更有趣的服务，可以通过手机或智能音箱控制空调的温度，控制扫地机器人扫地，控制窗帘的开合，离开家时家里的台灯、吊顶灯、床头灯都会自动关闭，这是一个产品与服务相辅相成的系统。

　　Allone Pro（图 6-5）是一款服务于智能家居的集成遥控设备，通过它用户可以告别各种遥控器。原理很简单，它把所有的遥控频率都收集到 Allone Pro 主机中，通过手机 APP 操控 Allone Pro，可以向各个电器发射模拟红外或射频信号。

　　从"行"的角度看，智慧城市的建设和交通大数据的广泛应用，日益影响着人们的生活和出行，各种互联网科技衍生出来的新出行方式逐渐打破旧的出行方式。尽管仍有许多障碍亟待克服，但自动驾驶汽车技术正在不断完善，智能感知技术、高精地图、智能决策和控制技术逐渐成熟，各种新的出行方式（如无人驾驶）和驾驶体验逐步成为人类现实生活的一部分，以一些意想不到的方式改变我们的世界。除了用户的角色在转变外，汽车厂家的角色也在转变，在互联网的冲击下，汽车从交通工具转变为大型移动终端、储能单元和数字空间，更多地作为一种服务提供系统而存在。所以，在顺应整个转变的条件下，汽车厂家逐渐由制造商转变为汽车服务商，不同企业之间跨界、开放、协作、融合成为该转变的良好体现。

图 6-5　Allone Pro

奔驰 F015（图 6-6）利用了摄像头、传感器和 LED 灯的组合来进行导航，并对行人及其他车辆的存在做出回应。根据交通状况的不同，车尾的 LED 灯可以显示诸如"慢行"或"停止"的提示语。当发现行人时，汽车还会在地面上投射出激光斑马线，并使用轻柔的语音和指示箭头提示对方通过。

图 6-6　奔驰 F015

智能时代下的生活方式变革可能远远不止于衣食住行，人工智能也从早期主要承担工厂生产的应用型功能转变为为人类提供更高效和舒适的服务型功能。事实上，人工智能正在进军稍显复杂的工作领域，例如人工智能书写系统，利用机器编写软件完成新闻写作，甚至可以模仿艺术家的艺术风格进行艺术创作。可以预见，智能化时代之下的生活方式变化，将给设计领域带来更多的机遇与挑战。

6.1.2 智能化时代的设计特征

万物互联重新定义了"终端"的形式，5G 技术以物为中心，让任何物体都有可能成为智能终端，包括手机、电视、汽车、服饰配件、家居环境等。技术变革必然引发人类生活方式的变化，人造物也展现出了区别于以往的时代特征。

从技术层面看，智能化离不开数据的汇集、共享与追踪、识别等，但普通消费者所期待的智能化是系统不断自主地收集信息，从而与消费者保持共识，以便更好地达成交流。也就是说，系统可以通过自主进化改变自己的行为，让用户的体验更好。由此看来，智能化时代下的人造物不再只是提供功能价值的单向输出的一方，而是物与人之间的双向沟通，最终完成预定的目标。在这种情形之下，智能时代下的人造物设计与传统的人造物设计有明显的不同。

（1）产品趋向于服务化

在工业时代，设计围绕"物"的本体开展设计，围绕"生产 – 消费"去解决问题。服务化后的设计与单纯以"物质产品"输出的设计不同，它是通过整合"产品及服务"以构建"解决方案"去满足消费者特定的需求，以"成果"和"效益"取代物质产品消耗的一种策略性的设计活动。简而言之，产品服务化是以智能技术构建任务网络，并实现用户需求的一种设计形式，最终，产品可能只是任务网络中的一个载体。

（2）交互方式多样化

真正的智慧场景可以让生活变得更简单，更轻松。为了让人与物之间能够顺畅地沟通，机器势必要学习人类的"语言"，以便能够实现无障碍沟通。人与人之间可以通过声音、手势，甚至表情来传递感情，智能化时代下人与物交互方式会更趋向于"人化"，相较于传统的手部操作，智能化场景下可能会产生多种交互方式。

（3）系统智能化

智能化的理想状态应该是系统能够自主学习并提供主动服务。通过自主学习，系统可以记录用户的行为习惯和健康状态，以便感知用户的需求，再通过主动服务，为用户提供舒适的产品体验。例如，当指纹锁感知到主人回到家的那一刻，灯光会自动打开，音响会播放平常放的背景音乐，空调此刻也会自动调整到合适的温度。厨房已经根据预设的程序准备好了健康餐，放下物品就可以就餐……为用户营造的智慧生活场景，一切无需人为操作或干预，更不需要拿出手机烦琐操作，一切都是主动服务，这也是真正的智慧所在。智能化时代背景下，传统上由设计师执行的"问题解决"任务可能面临着改变。

第一个变化就是设计对象的改变，即设计"什么"。在以往的设计活动中，人类将产品开发具体到细节级别：造型是什么样，功能如何实现，屏幕上显示哪些图像……在人工智能的背景下，人类更关注的可能并不是产品开发的细节（这些工作可以由人工智能来生成），而是设计解决这些问题的方案。

传统设计面临新的设计流程。随着设计对象的变化（从设计开发到设计解决方案），设计过程（设计的"方式"）也会发生变化。在人工智能的背景下，设计过程分为两个部分：首先是人为的设计阶段，主要是构思解决方案并设计解决问题的逻辑；然后是人工智能驱动的阶段，在此阶段，通过算法为特定用户开发特定解决方案。

/ 6.2 / 自带民族属性的设计观

6.2.1 民族的基本属性

民族自然（或族体）属性、民族社会属性和民族生物属性，是民族作为社会发展中的历史现象、历史发展中的社会现象和人类发展中的繁衍现象所具有的基本属性。其中，民族的自然属性是一种特定的人类共同体，具有一定的特征，比如共同语言、共同地域、共同经济生活、共同文化或心理素质。这些共同的特征造就了民族与民族之间的文化差异，构成了带有地域特色的设计文化。

一直以来，在人类文明的进程中，都具有非常典型的带有民族特性的设计活动和设计造物代表，例如新石器时代中国黄河流域的彩陶、古希腊时期的建筑柱式和工业革命时期的纺纱机等。民族文化以物质和非物质的形式广泛地流存于民间，以民风民俗、地方产业、传统手工艺等形式传承至今。

然而，随着时代的发展，世界俨然成为一个地球村，世界同质化发展的趋势愈发明显，在此情况下，民族文化的差异性将成为应对世界同质化趋势的"良药"。正因如此，我们看到，在设计领域关于民族文化的传承和发展的议题一直是各国设计师关注的重点。但是，传承不是复刻，现代观念下的民族文化也不再只是依靠"保存"的方式来延续，而是通过现代思潮及精神的注入，形成具有全球视野的、具有民族属性的现代设计产物。

6.2.2 自带民族属性的现代设计

面对世界同质化趋势，设计可以维持民族文化的特色，并且能与社会发展趋势保持平衡，不至于被历史洪流湮没。从设计文化的角度看，针对本民族文化的再设计不仅可以对本地文化进行传承与保护，而且可以通过与世界范围内的新科技、传播技术和设计文化的交流，将本地文化推向世界。这样，民族文化可以伴随着设计的物质性，介入全球化的进程，形成当下的设计文化。

（1）设计的全球化

经济全球化之后，资源移至地方，地方文化在受到外来文化冲击的同时，新的技术和思想也激励着本地文化向前发展，融入全球化进程中的物质设计也表现出了全球化之后的发展特征。

百雀羚是国内屈指可数的历史悠久的著名护肤品牌，在过去悠久的历史中，它承载着国人的记忆以及光辉的业绩。在外来文化的巨大冲击下，品牌开始转型。在结合自身优势并借鉴先进的经验、技术之后，通过跨界合作与产品设计，百雀羚完成了带有"国潮"标签的国民级品牌形象。

2017年，百雀羚在母亲节以一则全长427厘米的百雀羚长图广告"一九三一"（图6-7）刷屏网络，广告以"杀死时间"为传播主题，以民国故事为背景，采用HTML5技术，再现了旗袍、女郎、洋行、裁缝铺、照相馆等诸多民国时期的符号化人物与场景。这个营销方案使该品牌获得了大量的社会关注，它利用了消费者的怀旧心理，并区别于欧美品牌的一贯方式，用别具一格的品牌特色，唤醒了存在于国人大脑深处的记忆，也燃起了国人对民族品牌的希望，传达出"传统与现代结合"的品牌形象。

图6-7 百雀羚"一九三一"（局部）

在同一年中，百雀羚以宫廷文化为主题，携手知名文化设计顾问，共同推出了个性化定制的联名产品——"燕来百宝奁"限量礼盒。它包含两款气垫 BB 霜、一款喜上眉梢发簪和一款燕来百宝奁（图 6-8）。这款面向高端人群的联名套装，在线上商店发布仅 35 秒就被售空，显示出了民族品牌与现代设计融合的强大力量。

这款联名产品是对传统文化的挖掘和利用，它通过传统东方首饰文化与国际珠宝设计的跨界融合，打造出新东方美学；以定制化的营销策略开拓护肤品跨界营销的新领域；以复兴"国货"，传递"中国传奇、东方之美"的理念赋予中国传统文化新的生机。

 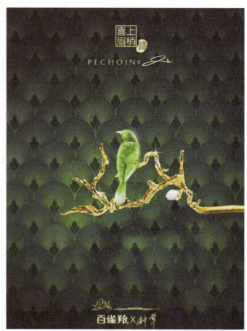

图 6-8　"燕来百宝奁"限量礼盒宣传海报

（2）设计的本土化

设计的本土化指现代设计手段对民族文化的介入，它包括两种介入方法：一是从现代设计的技术资源出发，使设计适应当地消费需求和文化偏好，开发的产品或服务符合当地市场；二是从本土的民族文化资源出发，创造既有民族文化特色和地方特色，又能够参与全球市场竞争的设计。日本型染❶就是如此。

作为型染主要原料之一的"蓼蓝"盛产于亚洲地区，约 7 世纪从我国南部❷流传到日本德岛县。在日本明治时代，外国人造访日本，却被街上一片蓝染的景象所震撼，随后

---

❶ 型染的日文为"型染め"（Katazome），是 15 世纪左右的手工染色技艺。
❷ 北魏《齐民要术》一书中有记载从蓝草中提取蓝靛的方法。

便把这门蓝染技术称作"Japan Blue"。凭借着在布匹上持久的固色能力,以及抗菌、防虫、防紫外线等功能表现,天然蓝染风靡一时。

型染,全称为型糊染,与我国的灰缬相仿,整个工序基本是围绕蓝染色调、防染糊剂以及耐水型和纸三大要素开展。与其他蓝染工艺一样,型染的工艺步骤同样繁复,大致包括了图案设计、雕刻型版、张网刷漆、调制糊剂、置版刮糊、建蓝浸染、晾洗除糊等多项工序(图6-9)。由于制作工艺细致、繁杂,型染在现代工业化生产方式下的发展之路面临很大的挑战。在全盛时期,日本德岛县有多达千位染师,但后期因化学染料带来的冲击,以及传统工艺匠人的青黄不接,染师数量锐减。

图6-9 型染图案设计、晾洗除糊

为了保留这种民族技艺,在2012年,出生于德岛县并拥有艺术行政管理经历的西本京子担任经纪人,与几位合伙人共同创立了BUAISOU,它是一个集种植、染料制作、染色、设计和服装制作于一体的服装品牌,致力于推广这种即将失传的传统技艺(图6-10)。

对于型染的产品设计和研发,由于天然染色在品质、上色等方面比化学染料具有更多的不稳定性,这就需要手工艺人不断地进行效果修正。就这样,现代与传统工艺的碰撞为型染文化创造出新的火花,该品牌的产品涵盖了服饰、包袋、手绳、头巾等(图6-11),木凳等制品也成为BUAISOU挥洒蓝染热血的画板。

随着名声不断壮大,如耐克这类知名运动品牌也开始和BUAISOU合作。设计师将整双鞋子浸入染缸中,因每种材质的吃色能力差异而产生不同的蓝调变化,让这双名为"Nike ISPA Drifter"的鞋子更有特色(图6-12)。

图 6-10　BUAISOU 的品牌特色

图 6-11　BUAISOU 品牌下的型染产品

图 6-12　耐克和 BUAISOU 合作的运动鞋

与 BUAISOU 品牌自然、朴实的风格不同，型染技艺在 KATA KATA 创始人的创意之下展现出了更贴合现代生活的设计风格。出身于东京艺术大学的松永武和高井知绘是热爱传统布匹工艺的新生代，夫妇二人一直钻研染布工艺，尤其擅长将传统技术融入当代的美学设计中。他们将日常生活中常见的动物和大自然的形象融入传统艺术，并将其设计制作成具有趣味性的日常用品（图6-13），使这种在日本将近失传的传统技艺能够重新被普通大众所了解、接受。

图6-13　KATA KATA品牌的型染作品

全球化发展下的地方文化由于种种原因难以适应现代社会的发展，或被历史无情淘汰，或被暂时封存保护，文化"复兴"被认为是传承与发展传统文化的绝佳途径。因此，在设计同质化越来越严重的今天，具有地方特色的民族文化资源是区别于其他文化的珍贵遗产，利用现代设计的技术资源，结合当地的消费需求和偏好，不仅可以创造出适应时代发展的新商品，使传统文化得以流传，这些新商品还可以形成具有地方特色的设计文化。日本德岛县的型染技艺在现代设计手段的介入下逐渐焕发出新的生机，表明设计在民族文化传承方面具有重大的推动作用。

/ 6.3 / 现代设计下的生态文化观

生态文化是指以崇尚自然、保护环境、促进资源永续利用为基本特征，能使人与自然协调发展、和谐共进，促进实现可持续发展的文化。它是人类在生态环境恶化、自然资源枯竭、生态灾难频发之下的反思，是把人类自身价值和自然本体价值有机地融合起来，形成生态文化的基本价值观。

可持续设计是生态文化观在设计领域的延续。"可持续性"这个术语常常与"可持续发展"互换使用，它是指随着时间的推移而持续存在的能力，是既满足当代人的需要，又不损害后代人满足其需要的发展模式。然而，可持续发展不能简单等同于生态化或者环境保护，它不但涉及环境问题，同样还涉及种种人类和资本的问题，一般认为它由三个方面的内容构成：一是环境因素，指尽量减少对环境的损害；二是社会因素，指仍然要满足人类自身的需要；三是经济因素，指必须在经济上有利可图。三者同样重要，如果任何一方被忽略，都会打破三者的平衡（图6-14）。

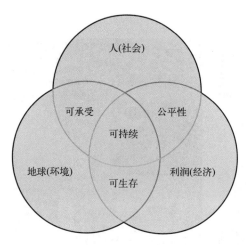

图 6-14　可持续发展的模式

由于环境问题的出现和设计师责任意识的增强，人们逐渐摆脱了以往在大量生产体制下只考虑低成本、高性能的设计模式，开始转向考虑环境价值的环保设计。可持续设计超越这一层面，在设计的整个过程中，从整体上考虑与整个社会和文化相关的价值。它要求在进行设计时就能预测到产品和工艺对环境的负面影响，并提前处理好，把可回收性、可拆卸性、可维修性、可再生性、可重用性等一系列参数作为设计的目标和衡量的标准。由此可见，可持续设计是可持续发展思想影响下的设计方式，是从设计阶段就考虑环境影响、资源限制、经济发展和社会公平等问题的一种综合设计方式，其目的是协调经济、环境、社会三者之间的关系。

6.3.1　生态文化下的可持续设计观

多年来，可持续设计的理论和实践范围不断被拓宽，研究重点也逐渐从单一产品扩展到复杂系统，它同时遵循经济繁荣、环境保护、社会公平三重底线，强调在产品生命周期中尽可能减少资源和能源的消耗，在追求最小化环境负荷的同时，考虑产品的经济效应和社会影响。以这三重底线为基础，可持续设计发展出了多种实现方法。

（1）为降低环境负担的绿色设计和生态设计

绿色设计是由制造业的兴起而引发的环境变化的应对策略，它强调在设计阶段将环境因素纳入产品设计中,核心理念是"3R"原则(即 Reduce、Recycle、Reuse),它强调产品以及零部件能够方便分类回收,并且具备可循环利用的潜力。例如,在产品中减少材料种类,重复使用某个零部件,用再生材料替代不可再生材料等。通过减少物质和能源的消耗来达到降低环境影响的目的。

较早的绿色设计实例是 Berol 的 Karisma 彩色铅笔系列(图6-15)。该系列原来采用油漆来标示铅笔的颜色,为了减少有毒的油漆对用户的影响,该系列铅笔后来改用无毒的透明树脂代替了有毒的油漆,通过斜切铅笔的末端,露出铅笔笔芯来标示铅笔的颜色,既能避免有毒材料的使用,同时又保留了"标示颜色"的设计目的。

图 6-15　Karisma 彩色铅笔系列

早先的生态设计与绿色设计同义。与绿色设计侧重产品的设计过程相比,生态设计关注的是产品的整个生命周期。生态设计借助生命周期评估方法来量化环境影响,使同一类别的不同产品概念之间可以进行比较,从而有助于设计决策。它通过技术手段减少人类碳排放,降低温室效应,鼓励应用新技术以开发可代替的能源,实现减排;它同时重视人类生活方式对环境的影响,通过重新规划日常行为模式来降低碳消耗,最终达到节能减排的目的。

FRIA 制冷机(图6-16)是传统储藏室和现代冰箱的混合体,安装在外墙附近,冬季利用室外空气进行降温。如果外部温度足够低,冷空气就会进入冷却室,从而减少冷却所需的能量。与传统冰箱相比,这种方式可将能耗降低50%。它采用模块化结构设计:冷却系统独立于箱体,箱体可以单独维修或更换,使用寿命更长。

图 6-16　FRIA 制冷机

无论是绿色设计的减少消耗、可再利用的发展策略,还是生态设计的减少排放、可替换能源的发展策略,最终的目标都是通过节能减排的方式降低生存与发展带来的环境影响,体现了生态文化下的可持续发展观。

(2)为延长使用寿命的情感耐久性设计

在传统解释中,产品寿命是由产品的物理性能决定的,然而据估计,78%的被遗弃的产品仍能正常使用,其寿命的终止不是由技术原因引起的,而是由用户需求的变化引起的,不是产品的问题。因此,相关研究人员已开始探索用户与产品的关系,以及设计在加强这种关系以延长产品寿命方面的作用。该研究领域被定义为情感耐久性设计,旨在通过增加用户与产品之间的关系,使用户对产品产生依赖感,以此来延长产品的使用寿命,减少资源的浪费。为加强用户与产品之间的情感联系,研究人员提出了针对用户的"刺激因素"的设计策略,例如产品个性化设计、"有尊严地老化"的产品设计和"捕获用户记忆"的产品设计。

情感耐久性设计提供了一套与可持续设计领域其他方法互补的设计策略。与其他设计策略以"物"为设计对象相比,情感耐久性设计提供了以"人"为对象的设计策略,是生态文化观下为数不多的以"情感"为对象的设计方法。

Do Scratch(图 6-17)是一款黑色的烤漆灯。用户可以在灯的表面划出痕迹,使灯光可以透过划痕照射出来。这种使用方式使用户可以个性化地设计他们的灯具,并创建出独属于自己的产品。自我表达和产品的独特性是连接用户与产品之间情感纽带的两个因素。

图 6-17　Do Scratch 划痕灯

(3) 为降低能源消耗的可持续行为设计

生态设计的策略是减少产品在整个生命周期中对环境的影响,但这种方法并没有过多地关注用户的行为对产品所产生的影响。据研究,消费者与产品互动的方式会产生重大的环境影响,对于在使用中消耗能源的产品,能源消耗主要取决于用户的行为。因此,设计研究人员已开始探索设计在影响用户行为方面的作用,被称为可持续行为设计。

可持续行为设计建立在各种行为改变理论的基础上,例如:拉夫堡大学开发的"可持续行为设计"模型,以行为经济学为基础,提出了一套基于告知、授权、提供反馈、奖励的设计干预策略,鼓励用户采用对环境更友好的使用方式。这种设计方法从产品到产品服务系统,从移动交互和环境设计均可应用。

感知电源线(图 6-18)是一种可以实时显示电量消耗的电源线,它通过发光和流动的方式来使能耗的变化可视化:当设备电池电量不足时,光流会通过电缆快速流动,设备获得的功率越大,电流移动得越慢,直到光流消失。这时用户就知道充电已完成,可以关掉电源了——即使在待机模式下,设备也会继续耗电,所以当用户用肉眼看到电能还在消耗时,会产生节能意识从而采取相应的行为。

产品设计与文化

图 6-18　感知电源线

（4）为提高资源利用率的升级再造设计

许多产品由于破损或老旧等原因被丢弃，这些废弃了的产品往往并不是真正意义上的垃圾，相反，是一种放错位置的资源，利用得当就会重新服务这个社会。近年来，人们利用旧的或用过的物品来制造新的物品，成为一种新兴的消费模式。事实上，包括阿迪达斯、FREITAG 在内的许多公司，都在积极推动和开展升级再造业务。

升级再造指的是将使用过的材料在第二次生命周期中转化为更高价值或质量的产品的过程（图 6-19）。它被认为是一种减少材料和能源投入，提高材料利用率的有"前途"的方法，它鼓励人们从消费后的产品中创造价值，从而减少和避免浪费。狭义的升级再造设计是指，在原来废弃材料的基础上赋予它新的功能及形态，并在创作过程中融入更多的创意，使之变成具有更高价值的新产品。它的目的是通过充分利用现有材料来防止浪费潜在的有用材料，以减少在创造新产品时对于全新原料的消耗。

图 6-19　升级再造设计

升级再造设计作为一种废弃资源浪费问题的解决方案,证明了废料并非废物。具体来讲,它把在原有产品系统中失去价值的废料,利用设计创意,创造出新的产品价值,将原来产品循环中淘汰掉的废料变成另一个产品循环中所需要的原料。

这种处理废弃物的方法相当于延长了原来材料的使用寿命,而延长使用寿命是提高材料效率的重要方法之一。因此,升级再造设计通过旧物利用的方式提高了资源利用率,是生态文化下对可持续设计方法的补充。

日本品牌 Plasticity 将焦点放在"有塑料(plastic)问题的城市(city)"上,专注于处理废弃的塑料雨伞的问题。通过多次实验,该品牌最终找到了尽可能不对环境造成负担的、重新利用塑料雨伞的方法。它通过独创的压制技术,将塑料雨伞的伞面进行多层压制,创造出一种表面像雨滴一样的"新材料"(图 6-20)。

图 6-20　Plasticity 品牌利用塑料雨伞创造出的可再利用材料

这种材料保留了塑料雨伞防水和防污的特性,由多层伞面压制而成,增加了材料的强度。利用这种"新材料",该品牌设计制作出了多种手提袋产品。图 6-21 是一款两用的手提袋,内部绗缝了约 1.5 倍的棉以加强材料的抗缓冲性,可保护内部的物品免受冲击。塑料材质容易发黄老旧,该产品并没有刻意避免这些材料缺陷,反而是把它保留下来,给使用者创造了旧物利用的想象空间。

6.3.2　生态文化下的设计走向

绿色设计和生态设计体现了人类对发展后的设计反思,以减小对环境影响的方式思考人类与自然的关系;情感耐久性设计从人与产品关系的角度,以人为对象,探讨了延长产品使用寿命的问题；可持续行为设计以人的行为为对象，通过某种"刺激"来规范人类的行为，以减少产品在使用过程中产生不必要的损耗；升级再造设计以废弃的"人造物"为对象，通过循环利用来提高材料的利用率，减少浪费。

图 6-21　利用废弃塑料雨伞制作的两用手提袋

这些不同的设计策略虽然面临的问题不同，解决方法也不同，但最终都指向了可持续发展的方向。不管是以物为对象，还是以人为对象，问题的解决始终围绕着人与自然和谐共处，围绕着人类自身的长期发展。因此，不管未来科技进展如何，不管未来社会发展如何，人与自然的关系始终是重要的议题，设计这个巨大的文化界面始终反映着人与自然和谐发展的价值取向。

/ 思考与练习

1. 请查找 3～5 个与可持续行为设计相关的设计作品，学习设计者对环境问题的理解以及解决问题的方式。

2. 解读关于设计本土化的案例/现象，例如，某个地区的某种风俗、特色、观念、手工制品等，经过什么样的运营，以物化的形式被世界所认识。

参 考 文 献

[1] 白寿彝. 中国通史 第二卷：远古时代 [M]. 上海：上海人民出版社，1994.

[2] 陈正祥. 中国文化地理 [M]. 北京：生活·读书·新知三联书店，1983.

[3] 傅伟勋. 从西方哲学到禅佛教 [M]. 北京：生活·读书·新知三联书店，1989.

[4] 宋应星. 天工开物 [M]. 杨维增，译注. 北京：中华书局，2021.

[5] 日本平凡社. 造物 [M]. 何晓毅，译. 上海：上海三联文化传播有限公司，2017.

[6] 王玉德. 文化学 [M]. 昆明：云南大学出版社，2006.

[7] 李砚祖. 设计文化：理解平面设计 [M]. 北京：中国建筑工业出版社，2010.

[8] 田自秉. 中国工艺美术史 [M]. 上海：东方出版中心，1985.

[9] 宗白华. 美学散步 [M]. 上海：上海人民出版社，1981.

[10] 蒋勋. 美的曙光 [M]. 桂林：广西师范大学出版社，2011.

[11] 赵克理. 顺天造物 [M]. 北京：中国轻工业出版社，2008.

[12] 李砚祖. 造物之美：产品设计的艺术与文化 [M]. 北京：中国人民大学出版社，2000.

[13] 基佐. 欧洲文明化的进程 [M]. 沅芷，伊信，译. 香港：牛津大学出版社（中国），1996.

[14] 杨向奎. 宗周社会与礼乐文明 [M]. 北京：人民出版社，1997.

[15] 寻胜兰. 源与流 [M]. 南昌：江西美术出版社，2007.

[16] 陆家桂，傅建伟. 设计文化十讲 [M]. 北京：中国建筑工业出版社，2010.

[17] 原研哉. 设计中的设计 [M]. 朱锷，译. 济南：山东人民出版社，2006.

[18] 朱锷. 消解设计的界限 [M]. 桂林：广西师范大学出版社，2010.

[19] 邱春林. 设计与文化 [M]. 重庆：重庆大学出版社，2009.

[20] 祝帅. 中国文化与中国设计十讲 [M]. 北京：中国电力出版社，2008.

[21] 薛亮. 知道点中国文化 .[M]. 南昌：二十一世纪出版社，2006.

[22] 薛涌. 中国文化的边界 [M]. 昆明：云南人民出版社，2006.

[23] 冈仓天心. 茶之书 [M]. 谷意，译. 济南：山东画报出版社，2010.

[24] 张德，潘文君. 企业文化 [M]. 北京：清华大学出版社，2007.

[25] 费孝通. 乡土中国 [M]. 青岛：青岛出版社，2019.

[26] 安妮·切克，保罗·米尔斯维特. 可持续设计变革 [M]. 张军，译. 长沙：湖南大学出版社，2012.

[27] 乔纳森·查普曼. 情感永续设计：产品，体验和移情作用 [M]. 卢明明，译. 南京：东南大学出版社，2014.

[28] 威廉·麦克唐纳，迈克尔·布朗嘉特. 从摇篮到摇篮：循环经济设计之探索 [M]. 中国21世纪议程管理中心，中美可持续发展中心，译. 上海：同济大学出版社，2005.

[29] 内森·谢多夫. 设计反思：可持续设计策略与实践 [M]. 刘新，覃京燕，译. 北京：清华大学出版社，2011.

[30] 邵琦，闻晓菁，等. 中国古代设计思想史略 [M]. 上海：上海书店出版社，2020.

[31] 沈榆. 中国现代设计观念史 [M]. 上海：上海人民美术出版社，2017.

[32] 于非. 智能简史：从大爆炸到元宇宙 [M]. 北京：清华大学出版社，2022.

[33] 卢克·多尔梅尔. 算法时代 [M]. 胡小锐，钟毅，译. 北京：中信出版社，2016.